# LA ECONOMÍA EXPLICADA
## PARA QUE AL FIN LA ENTIENDAS

TEJVAN PETTINGER

# LA ECONOMÍA EXPLICADA PARA QUE AL FIN LA ENTIENDAS

EMPRESA ACTIVA

Argentina – Chile – Colombia – España
Estados Unidos – México – Perú – Uruguay

Título original: *Economics Without the Boring Bits*
Editor original: Welbeck an Imprint of Welbeck Non-Fiction Limited
Traducción: María Celina Rojas

1.ª edición Abril 2024

Copyright © 2021 *by* Tejvan Pettinger
Copyright ilustraciones © Michael Driver, 2021
Copyright del texto © Welbeck Non-Fiction Limited, 2021
All Rights Reserved
© de la traducción 2024 *by* María Celina Rojas
© 2024 *by* Urano World Spain, S.A.U.
Plaza de los Reyes Magos, 8, piso 1.º C y D – 28007 Madrid
www.empresaactiva.com
www.edicionesurano.com

ISBN: 978-84-16997-93-0
E-ISBN: 978-84-19936-79-0
Depósito legal: M-2.706-2024

Fotocomposición: Ediciones Urano, S.A.U.
Impreso por Romanyà Valls, S.A. – Verdaguer, 1 – 08786 Capellades (Barcelona)

Impreso en España – *Printed in Spain*

# Índice

*A mis padres, que no saben mucho de economía, pero me enseñaron otras cosas mucho más útiles.*

# Prefacio

H e estado enseñando economía durante más de veinte años y, al igual que muchos profesores, siempre intento buscar formas de hacer que el tema resulte atractivo e interesante y que incite a la reflexión. Eso implica evitar la jerga más compleja tanto como sea posible y relacionar la temática con la vida cotidiana. De hecho, mirar la economía desde una perspectiva práctica y considerar cómo afecta a nuestra familia y amigos realmente puede ayudar a que la disciplina cobre vida.

El objetivo de este libro es condensar algunos de los conceptos económicos más interesantes y presentarlos de una manera que sea accesible tanto para estudiantes como para lectores en general. Incluso aunque nunca hayas tenido en tus manos un ejemplar del *Financial Times* o nunca hayas comprendido por completo qué significan los conceptos de metas de inflación y de responsabilidad fiscal, espero que este libro simplifique y dé vida a muchos aspectos aparentemente esotéricos de las ciencias económicas.

Esta obra está diseñada para que puedas consultar sus capítulos según tus necesidades, para que escojas un tema que te interese o despierte tu curiosidad. Sin embargo, tomada en conjunto, constituye una breve introducción a todos los aspectos fascinantes de la economía, ¡sin todas aquellas partes aburridas de la contraportada del *Financial Times*!

Tejvan Pettinger
5 de marzo de 2021

# 1

# Errores económicos

## FALACIA LUDITA

A comienzos del siglo XIX, un grupo de trabajadores especializados de la industria textil de Inglaterra se vieron alarmados por el auge de la maquinaria automatizada. Para los artesanos que trabajaban de manera independiente en pequeños talleres, estas máquinas modernas y las grandes fábricas amenazaban su sustento, pues consideraban que sería el origen de dificultades económicas. Así que, tras anticipar perspectivas de empleo catastróficas, decidieron contraatacar y destruir las máquinas. La revuelta de esta clase trabajadora cualificada fue sofocada sin piedad y los luditas no pudieron evitar el avance incesante de la fabricación a gran escala y los procesos automatizados. Este desarrollo continúa en el mundo moderno. Pero el temor a que las nuevas tecnologías ocasionen pérdidas de empleo se mantiene tan fuerte como hace doscientos años.

En economía, la falacia ludita se convirtió en la creencia errónea de que las nuevas tecnologías eliminan trabajos y crean desempleo. En esencia, las nuevas tecnologías pueden ocasionar cierta perturbación en la economía, pero la tasa de desempleo por lo general permanece intacta.

Si tomamos el ejemplo de la Inglaterra del siglo XIX, las nuevas fábricas y las máquinas de hilado automatizadas incrementaron de manera significativa la productividad de la industria textil. Los artesanos que solían fabricar prendas de vestir a mano perdieron la capacidad de competir, de manera que la demanda de su trabajo se extinguió. De forma comprensible, sintieron que las máquinas les estaban quitando el sustento y que, por tanto, eran las causantes de su pobreza. Hasta cierto punto, estaban en lo cierto: la mecanización, efectivamente, suponía una mala noticia para los profesionales cualificados, que perdieron su principal fuente de trabajo. Sin embargo, en la esfera económica, siempre es necesario obtener una panorámica más amplia y destacar los efectos secundarios menos visibles.

En primer lugar, las nuevas maquinarias y factorías crearon una nueva fuente de empleo. Y los antiguos trabajadores agrícolas se vieron atraídos por ellas. Aunque las condiciones eran paupérrimas según los estándares actuales, los trabajos en la manufactura ofrecían salarios más elevados que los del sector agrícola. Esto significaba que los empleados fabriles contaban con un mayor poder adquisitivo que cuando trabajaban en el campo. En segundo lugar, el aumento en la productividad del proceso de fabricación de la indumentaria trajo consigo que su precio comenzara a caer. La ropa confeccionada a medida había sido un privilegio de los ricos, pero ahora que las telas y las prendas de vestir eran más asequibles, cada vez más personas podían permitirse comprarlas. A medida que la indumentaria se volvía más barata, las personas contaban con más ingresos disponibles y podían permitirse una mayor variedad de productos, por lo que otras áreas de producción experimentaron un aumento de la demanda. Además, el siglo XIX trajo aparejado el crecimiento de nuevas industrias como la ferroviaria, los deportes como espectáculo y las vacaciones.

Este periodo también nos ofrece un ejemplo del impacto de la tecnología. Cuando se crean nuevas tecnologías, las empresas se disponen a gastar más dinero en investigación y desarrollo, lo que genera más empleo en las áreas de ingeniería y diseño. Es cierto que existen perturbaciones considerables durante el proceso; sin embargo, a largo plazo, la economía crea trabajos de mejor remuneración que reemplazan los empleos que se han perdido. Desaparecen los artesanos cualificados, pero este proceso más productivo permite la creación de nuevas fuentes de trabajo (venta minorista de indumentaria, ocio y fabricación de máquinas). Esto no resulta muy reconfortante para los artesanos especializados que se han quedado sin ingresos, pero es innegable que el trabajador medio se encuentra en una mejor posición que hace 150 años.

Las nuevas tecnologías no ocasionan un aumento del desempleo; simplemente trasladan el desempleo de un sector a otro. A principios del siglo xx, Francia empleaba alrededor de trescientos mil mineros de carbón; a comienzos de la década de 1970, esa cifra se había desplomado a la mitad. En el año 2011, ya no quedaban mineros trabajando en Francia. Se puede afirmar que la tecnología terminó con el empleo en las minas, pero ¿es eso algo tan negativo? Ahora, los jóvenes provenientes de los antiguos pueblos mineros cuentan con fuentes de trabajo muy diferentes.

Dicho esto, el proceso de redistribución puede ser doloroso. Resulta muy fácil estar sentado en un escritorio y afirmar que se crearán nuevos empleos a largo plazo, pero aquellos que se ven perjudicados por la tecnología disruptiva pueden sentir que no reciben ninguna de esas supuestas prestaciones. El problema es que un minero que pierde su trabajo quizá no cuenta con las habilidades, cualificaciones y movilidad geográfica necesarias para acceder a las nuevas fuentes de empleo. Para los desempleados en Míchigan, no resulta muy alentador saber que están surgiendo nuevos trabajos en el área de tecnología en Nueva York y Los Ángeles. Así, podemos ver que, en términos generales, se crean nuevos trabajos y que, sin embargo, algunos trabajadores resultan perjudicados durante varios años.

El desempleo tampoco es el único problema. También existe la cuestión de perder la capacidad de ejercer una profesión que proporcione orgullo y felicidad. Un artesano cualificado que confecciona ropa a mano puede, en teoría, conseguir un trabajo en serie en una gran fábrica, pero quizá eso le haría perder cierto grado de satisfacción. En Estados Unidos, los procesos automatizados están conduciendo a una gran disminución del empleo en la manufactura, y los nuevos puestos por lo general son de tiempo parcial, temporales y/o de contratos de cero horas —un tipo de contrato, no autorizado en España pero habitual en el Reino Unido, por el que el trabajador está disponible para cuando el empleador lo requiera, pero sin que este le garantice un número de horas de trabajo fijas a la semana—. Para un trabajador, un buen empleo en el sector manufacturero, donde trabajaba junto a otros colegas, le generaba orgullo; sin embargo, convertirse en repartidor de pizzas a media jornada puede hacerle sentir que ha dado un paso atrás. El solo hecho de que se creen nuevos empleos a la larga no implica que no existan costes significativos a largo plazo.

**La falacia de la falacia ludita.** La mayoría de las personas estará de acuerdo con que las acciones de los luditas en el siglo XIX fueron inapropiadas —aunque podamos empatizar con ellos—. A nadie le gustaría regresar a los estándares de vida de aquella época para proteger los empleos de quienes fabricaban a mano prendas de vestir. Las nuevas tecnologías del siglo XIX (máquinas de vapor, telares mecánicos, electricidad) condujeron a enormes ganancias en productividad, y cualquier perturbación en la tasa de empleo quedó más que compensada por el incremento exponencial de la producción y los nuevos puestos de trabajo mejor remunerados. Si bien pudo haber existido una época en la que protestamos contra la pérdida de empleos en la minería, ¿alguien de verdad querría una economía basada en millones de mineros del carbón? Si tuvieras que viajar tres kilómetros por la galería de una mina para picar piedra sumido en el calor y la oscuridad, trabajar en un centro de atención al cliente quizá no parezca una idea tan mala.

Sin embargo, a pesar de todo esto, es posible argumentar que, en la era moderna de la hipertecnología y la inteligencia artificial, la falacia ludita tal vez no sea tal después de todo. Puede resultar difícil de pronunciar, pero la falacia de la falacia ludita afirma que el desarrollo de las nuevas tecnologías podría ocasionar una peor situación para muchos trabajadores poco cualificados.

El argumento es el siguiente: en la era moderna, estamos llegando a un punto en el que las máquinas pueden reemplazar incluso a trabajadores muy formados. En algunos años, la tecnología podría sustituir a profesionales como conductores de taxis, maestros y repartidores. En teoría, esta situación continuaría incrementando la productividad y las ganancias de la economía. Además, estas nuevas tecnologías seguirían aumentando los estándares de vida: salarios más elevados, nuevos empleos, una semana laboral más corta y más tiempo de ocio. Sin embargo, el problema real es que beneficiarán de manera desproporcionada a los dueños de poderosos monopolios o a trabajadores altamente cualificados que sepan programar las máquinas. Los trabajadores menos formados, que podrían haber prosperado con su trabajo manual, descubrirán que no solo se ven perjudicados por la automatización, sino que tampoco tendrán perspectivas decentes de empleo porque no están capacitados para programar maquinaria o para ocupar puestos que requieren mucha más preparación, tal como exigirá una economía moderna basada en la inteligencia artificial (IA).

A medida que la sociedad se vuelva más desigual, los ganadores obtendrán una porción más grande del pastel, mientras que el resto recibirá una más pequeña. Esta es una tendencia que ha ocurrido en las décadas recientes a lo largo y ancho del mundo occidental. Además, los avances tecnológicos realmente importantes son aquellos con los que ya contamos: máquinas de vapor, electricidad y medicina moderna. Es posible argumentar que el telegrama marcó una diferencia más significativa en el mundo que el correo electrónico. Las nuevas tecnologías, como la IA e internet, no están generando tantas ganancias para las arcas públicas como las tecnologías anteriores. Por tanto, aunque el PIB (producto interior bruto) se encuentre en alza, lo hace a un ritmo más lento; y, cuando el progreso tecnológico se ralentiza, la distribución desigual se vuelve mucho más evidente. En el siglo XIX y principios del siglo XX, las nuevas tecnologías fueron disruptivas, pero su impacto fue más que compensado por el aumento significativo en la productividad y en la producción.

Ahora bien, antes de que comencemos a defenestrar a las impresoras 3D y los drones repartidores, la hipótesis de que la falacia ludita finalmente se vuelva realidad aún se encuentra sujeta a debate. En primer lugar, deberíamos tener en cuenta que se puede evitar una desigualdad cada vez mayor. Es cierto que las diferencias económicas se han incrementado en Estados Unidos y en Europa occidental desde la década de 1980, pero es igualmente posible que la sociedad decida realizar un mayor esfuerzo para asegurar una distribución más equitativa de los beneficios de las nuevas tecnologías.

Puede llegar el momento en que una máquina trate a un paciente como un médico o enseñe economía, sin embargo nunca alcanzará las capacidades humanas para la empatía ni la comprensión provenientes de una persona real. Quizá podamos comprar café más barato en una máquina expendedora, pero, si las nuevas tecnologías mejoran los estándares de vida, seguiremos pagando más para interactuar con camareros.

También sucede que esta dinámica refleja una falta de imaginación por nuestra parte, porque siempre resulta más fácil detectar los empleos que se perderán que los que serán creados. Esto ocurrió a comienzos del siglo XIX y todavía sucede en el presente. Sí, las nuevas tecnologías pueden seguir ocasionando desempleo en el sector manufacturero y en los servicios de reparto, pero ¿quién sabe dónde se crearán nuevos puestos de trabajo? Es posible que los drones hagan que los repartidores pierdan su empleo, pero no olvidemos que también harán que los costes sean menores para nosotros, los consumidores. Tendremos más ingresos disponibles y quizá gastemos el dinero en comprar una bicicleta para pasear por las calles —ahora será una actividad más atractiva porque no estarán atestadas de camiones de reparto—. Además, si logramos gravar con éxito a las grandes empresas tecnológicas con cuantiosas ganancias, entonces todos nos beneficiaremos de los ingresos tributarios.

## FALACIA DE LA ESCASEZ DEL TRABAJO

La falacia de la escasez del trabajo es la creencia de que el número de puestos es fijo, lo que significa que un aumento en el número de trabajadores —debido a migraciones, por ejemplo— conducirá a pérdidas de empleo para los trabajadores nativos.

El temor de que los inmigrantes ocupen puestos de trabajo y viviendas, así como que rebajen los salarios, muchas veces se ve explotado por los políticos populistas, pero ¿cuáles son los principios económicos que respaldan los eslóganes políticos? Un análisis simplista indica que, si una economía experimenta un aumento en la oferta de trabajo (inmigrantes extranjeros), habrá una mayor competencia por los empleos, lo que creará tanto desempleo como una caída en los salarios. En un periodo de grandes tasas de desempleo, es comprensible que los trabajadores se sientan nerviosos porque llegan más personas del extranjero, ya que parece que habrá una mayor competencia para conseguir un puesto. Sin embargo, la realidad es más compleja, porque los inmigrantes no solo aumentan la oferta de trabajo, sino que también incrementan su demanda.

Supongamos que un país experimenta un alza en la migración neta y los nuevos trabajadores se «apropian» de empleos en el sector del transporte y la manufactura. Una perspectiva superficial sería concluir que habrá menos empleos disponibles para los trabajadores locales. No obstante, las economías nunca son estáticas. Si existe una migración neta de cien mil personas, esa situación conducirá a un incremento en la demanda en la economía. Si los migrantes ocupan puestos de trabajo, también obtendrán ingresos para gastar en tiendas, bares, restaurantes y otros lugares, lo que a su vez conducirá a una mayor demanda de trabajadores. Estos efectos secundarios no son tan visibles. Si un supermercado contrata a más empleados, no establecemos la conexión con el aumento de la inmigración. Por esta razón resulta muy fácil creer en esta falacia; nos percatamos de que hay inmigrantes trabajando en los autobuses, y aun así no contemplamos los empleos creados recientemente en otras áreas.

Otra forma de pensar en esta cuestión es recurrir a ejemplos del mundo real. En el año 1900, la economía de Estados Unidos estaba creciendo a pasos agigantados. Esa también fue una época de inmigración masiva. Entre 1900 y 1920, unos 14,53 millones de inmigrantes llegaron a Estados Unidos. Y tal vez se «apropiasen» de algunos trabajos existentes, pero ¿acaso los trabajadores locales perdieron sus empleos frente a ellos? No. El desempleo estadounidense permaneció bajo durante las décadas de 1910 y 1920. En 1900, el desempleo estimado fue del 5 %; en 1920, del 4 %. Los salarios reales también aumentaron durante ese periodo.

En otras palabras, ese pico de inmigración masiva no provocó que los trabajadores locales perdieran frente a los recién llegados. Ayudó a promover el crecimiento económico, que a su vez creó nuevos puestos de trabajo en una economía en expansión, y también contribuyó a una época de aumentos salariales.

Hay muchos otros ejemplos en donde la inmigración masiva condujo a un fuerte crecimiento económico y ejerció un impacto positivo en el desempleo. Sin embargo, la idea de que los migrantes se apoderan de empleos aún persiste. ¿Existen circunstancias en las que la migración neta puede causar mayor paro? Por ejemplo, ¿qué sucede con un periodo de desempleo masivo?

En ese caso, hay una depresión en la economía y los trabajadores locales están desempleados debido a una falta de puestos de trabajo disponibles. Si hubiera una migración neta durante este periodo, la alta tasa de desempleo persistiría. Si un trabajador local estuviera en el paro y un migrante consiguiera empleo —quizá porque está dispuesto a trabajar por un salario menor—, algunas personas podrían percibir que la inmigración empeora la crisis de desempleo. Sin embargo, incluso durante una recesión, la migración podría tener el mismo impacto de aumentar la oferta de trabajadores y, al mismo tiempo, la demanda en la economía. Aun así, frente a la persistencia de una alta tasa de desempleo, culpar a los migrantes por causarla puede ser más fácil que explicar la deficiencia general de la demanda y el desempleo subyacente en la economía.

También hay que tener en cuenta que la migración es muy sensible a la situación económica. Tal como hemos visto, durante las primeras décadas del siglo xx unos catorce millones de personas emigraron a Estados Unidos, pero, durante la época de la Gran Depresión (1931-1940) ese número se desplomó a poco más de medio millón. En otras palabras, cuando el desempleo es alto, la intención de migrar a otro país se ve reducida masivamente. La Unión Europea (UE) es otro gran ejemplo. La libre circulación de trabajadores dentro de la UE incentiva a los trabajadores de los países con bajos niveles salariales a mudarse a otros de mejores salarios. Cuando la economía irlandesa se encontraba en auge a principios de la década del 2000, hubo un aumento en la migración desde la Europa del Este, debido a adultos jóvenes que llegaron para ocupar puestos de trabajo en la construcción y en el comercio minorista. Cuando golpeó la crisis económica en el año 2007, la migración cesó y muchos de estos trabajadores regresaron a sus países de origen. Este patrón cíclico de migración limitó el aumento del desempleo en Irlanda.

Otro temor teórico provocado por los trabajadores extranjeros reside en la posibilidad de que obtengan un empleo y envíen sus ingresos de regreso a su economía de origen —esto se conoce como remesa—. En ese escenario, los recién llegados no están gastando su dinero en su nuevo país y, por tanto, no están contribuyendo a un aumento significativo de la demanda, tan solo estarían creando algunos pocos empleos. Sin embargo, en la práctica, los migrantes aún necesitan gastar una cantidad de dinero considerable en su país de acogida y solo pueden enviar un cierto porcentaje a su país de origen.

Otro ejemplo de la falacia de la escasez de trabajo: ¿la reducción de la semana laboral promedio crearía nuevos empleos? Supongamos que una economía tiene un 10 % de desempleo y su semana laboral es de cuarenta horas. Por un lado, podríamos pensar que una solución al desempleo es reducirla a treinta. Una semana laboral de un máximo de treinta horas significaría que las empresas deberían contratar a más empleados para compensar las horas laborales perdidas, lo que a su vez reduciría el desempleo. En teoría, esa perspectiva parece tener cierta lógica. Las horas laborales se reducen un 25 %, por lo que las compañías necesitarán contratar más y, por consiguiente, el desempleo caerá.

Sin embargo, las cosas nunca son tan sencillas. Lo que sucede en una semana laboral de un máximo de treinta horas es que las empresas buscan elevar la productividad de sus trabajadores. Y aunque no tengan un empleado que trabaje cuarenta horas, sí encuentran maneras de que realice la misma carga de trabajo. Esto podría implicar eludir la legislación —a través de trabajo no remunerado— o utilizar nuevas tecnologías que incrementen la productividad. Además, reducir las horas laborales no significa necesariamente que se empleen más personas. Si se disminuye a treinta horas la semana laboral de un gerente, la empresa puede tener dificultades para contratar a trabajadores con la formación adecuada que ocupen las horas restantes. También podría suceder que, al trabajar diez horas menos, los trabajadores recibiesen menos ingresos. Y esto haría que también gastasen menos, lo que a su vez ocasionaría una caída en la demanda de productos en la economía. Como consecuencia, se produciría una menor demanda de trabajadores en diferentes sectores.

Un ejemplo real es la semana laboral de un máximo de 35 horas que implementaron en Francia en febrero del año 2000. El objetivo era reducir su tasa de desempleo del 10 % alentando el trabajo compartido. Si bien el impacto exacto de una semana laboral de 35 horas es objeto de debate, existe muy poca evidencia de que aumente la contratación por este motivo. Muchas empresas eluden la legislación pagándoles horas extras a sus empleados y, en general, hay una reticencia a aumentar la plantilla. A pesar de una pequeña caída a comienzos de la década del 2000, el desempleo francés aún se encontraba en dos dígitos dieciséis años después del experimento. Para los críticos de esta teoría, la semana laboral máxima aumenta los costes para las empresas y hace que se vuelvan más cautelosas a la hora de contratar nuevos trabajadores.

## FALACIA DE LA VENTANA ROTA

Si un huracán ocasiona daños, como consecuencia también puede provocar un aumento en la actividad económica. Los dueños de viviendas necesitan contratar a cristaleros para arreglar las ventanas rotas y a albañiles para reparar los destrozos. Visto así, parece que un huracán puede impulsar la economía, ya que de sus efectos no solo se beneficiarán estas dos profesiones: si cristaleros y albañiles perciben un aumento en sus ingresos, también podrán gastar más, lo que a su vez causaría un incremento en la demanda de tiendas y restaurantes. Por lo tanto, al echar un primer vistazo, parecería que muchos se benefician de una ventana rota y de la actividad de repararla.

Sin embargo, cambiar cristales en realidad no aumenta la producción económica ni el bienestar. Es una falacia considerar que la actividad económica de arreglar ventanas representa un incremento real en la producción. Repararlas inevitablemente desplazará cualquier otro uso —más productivo— de ese ingreso.

Un concepto importante en economía es el coste de oportunidad, que es la mejor alternativa que se deja de lado en estos casos. Tomamos decisiones que implican costes de oportunidad de manera constante. Por ejemplo, como dueños de una casa, podemos estar ahorrando para comprar un coche nuevo. Sin embargo, cuando azota un huracán, debemos utilizar nuestros ahorros para reparar las ventanas rotas. El coste de oportunidad de gastar en los cristales significa que ya no contamos con el dinero suficiente para adquirir un automóvil. Por lo tanto, mientras que el cristalero experimenta un aumento en la demanda de sus servicios, el vendedor de coches enfrenta pérdidas. El huracán no incrementó la producción total ni el ingreso total en la comunidad, sino que simplemente trasladó el ingreso de un sector a otro. Es cierto que algunas actividades profesionales se ven beneficiadas por el huracán (albañiles, cristaleros, contratistas), pero lo que resulta menos evidente de manera inmediata es que también hay otros sectores que saldrán perdiendo.

Podemos pensarlo de otra manera: supongamos que el huracán daña nuestra casa y necesitamos gastar treinta mil euros en reparaciones. No podremos utilizar ese dinero para hacer una ampliación. El constructor no se verá realmente afectado, porque aun así recibirá sus treinta mil euros. Pero nosotros sí nos encontramos en una situación peor. En lugar de ampliar la vivienda, habremos gastado el dinero en resolver el problema, regresando al punto de partida. Los ingresos del constructor serán los mismos, pero, debido al daño ocasionado, el capital total de la economía será menor. Podríamos haber tenido una casa más grande, pero ahora tendremos que conformarnos con la misma cantidad de habitaciones.

La falacia de la ventana rota fue presentada por primera vez por el economista francés Frédéric Bastiat (1801-1850). En su último año de vida escribió un influyente artículo titulado *Lo que se ve y lo que no se ve (Ce qu'on voit et ce qu'on ne voit pas)*. Utiliza el ejemplo de un niño que rompe una ventana en la calle. Inicialmente, ese suceso parece provocar una oleada de actividad económica en pos de reparar el cristal roto, pero Bastiat remarca que también debemos fijarnos en los efectos menos visibles de otros comerciantes que enfrentan pérdidas: si compramos una ventana nueva, entonces no gastamos en velas o flores.

¿Es posible que la falacia de la ventana rota sea cierta en algunas ocasiones? Si rompiéramos la ventana de un rico tacaño, que tiene millones de euros ahorrados, es posible que el resultado fuera diferente. En este caso, el avaro acapara su dinero y no lo utiliza para un efecto productivo. De modo que arrojar un ladrillo a su ventana lo obligará a gastar el dinero que de otra manera no hubiera gastado. En esta situación, los comerciantes locales podrían percibir un aumento en sus ingresos sin que existiera un coste de oportunidad.

Sin embargo, incluso en el caso del rico tacaño, podrían ocurrir algunos sorprendentes efectos no visibles. El avaro puede haber ahorrado millones de euros en el banco, lo que, en primera instancia, parece sugerir una reducción en la actividad económica potencial. No obstante, aquellos ahorros no se encuentran estáticos en un sótano. El banco se toma la libertad de prestar una gran proporción de sus depósitos en forma de préstamos a propietarios y empresas. Si los bancos experimentan una gran caída en sus depósitos porque los ricos tacaños están pagando para reparar sus ventanas, quizá deban restringir los préstamos, lo que afectaría a las empresas locales, que ya no podrán invertir como deseaban.

Sin embargo, existe una situación en la que la falacia de la ventana rota puede no ser una falacia. En la Gran Depresión, el famoso economista John Maynard Keynes (1883-1946; véase p. 165) siempre proponía tomar medidas frente al colapso en la demanda que afrontaban las economías. En algún momento, aducía, sería correcto pagar a las personas para cavar pozos en el suelo y luego rellenarlos —de igual manera, podríamos romper las ventanas para luego repararlas—. Para Keynes, el problema residía en el desempleo masivo, los ahorros acumulados y la falta de voluntad de las personas para gastar o invertir. En esta circunstancia en particular, romper la ventana de un rico tacaño podía incrementar la actividad económica sin ningún coste de oportunidad. Pero esto sería exagerar la situación; y, en una gran recesión, ¡lo último que necesitamos es que las personas se dediquen a romper ventanas! En circunstancias normales, reparar cristales rotos no incrementa la producción económica; solo la aleja de usos más productivos.

El ensayo de Bastiat también subraya otra limitación de la economía: la tendencia a medir las cosas en términos de producción e ingresos.

En las estadísticas oficiales, la producción nacional es la misma, ya sea que se emplee el dinero en reparar un cristal roto o en instalar una nueva ventana de doble vidrio. Ambas clases de gasto representan un incremento en la producción económica. Pero ¿cuál de ellas redunda en un nivel de vida mejor? No es placentero ver una ventana rota; no nos agrada tener daños en nuestra propiedad. Si las ventanas rotas se convirtiesen en algo común, esta situación podría conducir a un incremento en el delito, la falta de orden y el vandalismo, así como en un deterioro del sentido de comunidad. Las ventanas rotas en una calle comercial espantarían a los compradores. Incluso aunque la aseguradora cubriese el coste de los daños, no disfrutaríamos del proceso de reparar una ventana rota. Es una experiencia dolorosa y, desde nuestra perspectiva, se interpreta como un desperdicio de dinero, porque lo es. En definitiva, aunque ayude al cristalero, inevitablemente muchos otros comercios enfrentarán pérdidas.

## FALACIA DEL COSTE HUNDIDO

La falacia del coste hundido afirma que nos mostramos más proclives a continuar proyectos en los que ya hemos invertido, aunque hacerlo no nos beneficie en absoluto. En otras palabras, ya que hemos gastado dinero, no estamos dispuestos a dejar a medias lo que ya está empezado. Nos encontramos aferrados a nuestras decisiones del pasado y no queremos admitir que hemos cometido un error.

Supongamos que un gobierno empleó varios años e invirtió diez mil millones de euros en la planificación de una nueva línea de ferrocarriles, y después ocurre una caída inesperada en la demanda de viajes de tren, de modo que el proyecto ya no proporcionará ningún beneficio social neto. ¿Qué harías tú? Opción A: ¿finalizas el proyecto porque ya has invertido diez mil millones?; u opción B: ¿lo abandonas y «desperdicias» los millones invertidos en la planificación porque ya no es una buena idea?

Desde una perspectiva lógica, los diez mil millones que invertiste en la planificación de la nueva línea ferroviaria desaparecieron. Si cancelas el proyecto, no puedes recuperarlos. Sin embargo, los diez mil millones que ya invertiste no deberían influir en tu decisión sobre la mejor manera de proceder. Supongamos que, si el proyecto continúa, terminarlo podría costar otros veinticinco mil millones, pero ahora el beneficio sería de tan solo siete mil millones de euros. Esto arroja una pérdida neta de dieciocho mil millones. Por lo tanto, resulta mejor detenerse y perder solo diez mil millones. Si continúas, la pérdida inicial se verá incrementada y la pérdida final será de veintiocho mil millones de euros. De aquí la idea de que «no se debe invertir más dinero en una causa perdida».

El problema es que, si hemos invertido muchos años, y diez mil millones de euros, nos sentimos atrapados en la inversión, tanto por el gasto como por el tiempo y esfuerzo empleados; sentimos que debemos hacer buen uso de ese gasto inicial. Una vez que comenzamos un mal proyecto, es muy difícil admitir que hemos cometido un error, por lo que la mala decisión continúa y se transforma en una pérdida de dinero aún mayor. Es como cavar un pozo para intentar encontrar oro, y, cuando no lo encontramos, nos vemos impulsados a seguir cavando porque ya nos hemos esforzado demasiado.

Esta es otra manera de explicar los costes hundidos, una situación que puede sonar alocada, pero que los estudios han demostrado que efectivamente sucede. Supongamos que compras un abono anual para un gimnasio y que, después de algunos meses, te lastimas el brazo. Lo que de verdad te gustaría hacer es dejar de asistir. El problema es que eres muy consciente de que ya has abonado todo el año y de que, si abandonas, estarás desperdiciando el dinero. Por lo tanto, sigues asistiendo al gimnasio y sufres en silencio, ¡pero al menos estás haciendo valer tu dinero!

Un ejemplo incluso más simple: pides un plato de comida abundante en un restaurante. Ya que cuesta treinta euros, sientes que debes comértelo todo, incluso si para el final de la velada ya no disfrutas de la comida porque estás completamente lleno.

¿Por qué somos susceptibles a la falacia del coste hundido? Los economistas conductuales destacan que no valoramos todas las pérdidas y ganancias de igual manera. Si poseemos algo, nos sentimos muy aferrados a ello. Nos sentimos aferrados emocionalmente a nuestro abono del gimnasio; nos sentimos aferrados emocionalmente a la fábrica que nuestra empresa ha construido a medias. Dejar todos nuestros esfuerzos atrás se vive como un golpe psicológico.

Por otro lado, una característica humana es que no nos gusta admitir que cometimos un error. Supongamos que un gobierno comienza a construir un avión supersónico.

Después de algunos años, un informe indica que el avión no será una buena inversión del dinero de los contribuyentes, pero admitir el error representaría un revés en las urnas. Los políticos prefieren acallar el informe negativo y continuar con el proyecto. Si más adelante el avión resulta ser una mala inversión del dinero, el político cree que esa opción no es tan negativa como gastar diez mil millones de euros y luego interrumpir el proyecto; después de todo, la perspectiva de abandonar se ve como algo terrible. Es admisible reconocer que un representante público que cancela un proyecto debe asumir esa responsabilidad; en cambio, si continúa con el proyecto y pasan algunos años, probablemente ese político ya no estará en el poder, de manera que ¿a quién le importa si ahora esa inversión se considera un desperdicio de dinero? Esto sucedió cuando se construyó el Concorde, un avión supersónico que podía volar a Nueva York en menos de tres horas y media. Fue un proyecto de gran prestigio, pero, durante su costoso desarrollo, los aviones superjumbo comenzaron a trasladar a quinientos pasajeros (tres veces la capacidad del Concorde). El Concorde se transformó en un gran generador de pérdidas. Sin embargo, tanto el gobierno francés como el británico jamás admitirían que se equivocaron y que era mejor detener el proyecto tras cinco años de costosas inversiones. Por lo tanto, el Concorde continuó operando a trompicones, y requirió más subsidios que, aun así, no le hicieron alcanzar nunca la rentabilidad financiera.

**Casos en los que no aplica la falacia del coste hundido.** Dicho todo esto, existen algunas razones por las que las personas pueden ignorar un análisis simple de coste-beneficio y otorgarle algo de valor a los costes hundidos. Supongamos que estableces un negocio y empleas unos cuantos años desarrollando un nuevo proyecto que resulta bastante costoso. Tus empleados se encuentran muy involucrados trabajando en este nuevo producto, pero, cuando llega al mercado, te das cuenta de que provoca pérdidas. Como ya mencionamos anteriormente, un empresario racional debería ignorar los costes hundidos —el tiempo, los costes y el esfuerzo de las inversiones de los años previos— y cerrar la producción.

Sin embargo, ignorar los costes hundidos puede ocasionar problemas inesperados. En primer lugar, los empleados percibirán que se desperdiciaron varios años de trabajo duro y se sentirán desmoralizados. Tampoco confiarán en que la empresa tome las decisiones correctas. Durante el próximo proyecto, quizá no se sientan tan motivados porque teman que el producto resultante deje de comercializarse en pocos años. Asimismo, a los ojos del público, esa cancelación puede hacer que la empresa parezca débil e incompetente. Cancelar un producto unos pocos meses después de su lanzamiento dará la imagen de que la empresa no entiende bien el funcionamiento de la industria. Por lo tanto, la otra manera de evaluar la situación es pensar: «Sí, sería racional ignorar los costes hundidos y cancelar, pero en realidad queremos dar la impresión de que sabemos lo que estamos haciendo, de modo que es mejor tolerar el golpe financiero actual y seguir produciendo. Quizá después de algunos años el proyecto se quede en el olvido».

Algunas veces una empresa necesita considerar algo más que la contabilidad básica y pensar cómo afectarán sus decisiones a la moral y a las relaciones públicas.

Un ejemplo final. Supongamos que el 1 de diciembre compras cien árboles de Navidad a cinco euros la unidad, e intentas vender cada uno por diez. ¿Qué es lo que haces el 23 de diciembre con los árboles que no has vendido? En este caso, el precio que pagaste por ellos ya no es relevante. Los quinientos euros son un coste hundido; no puedes recuperar el dinero. Por lo tanto, en esta última etapa, es mejor venderlos por un euro y deshacerte de ellos que conservar veinte árboles no vendidos para el próximo año. La única complicación que puede surgir es que tu empresa se gane la reputación de rebajar el precio a un euro: al año siguiente, los consumidores pueden esperar a que baje el precio, y entonces te resultará más difícil vender los árboles a diez euros. ¡Nada es tan sencillo!

## JUEGO DE SUMA CERO

¿Qué es un juego de suma cero? Es la idea de que cuando una parte se beneficia, lo debe hacer a expensas de otra. En otras palabras, se trata de un resultado en el que hay igual número de ganadores y perdedores.

Se afirma que el problema fundamental de la economía es la escasez y la necesidad de decidir cómo distribuir recursos escasos. Si pensamos en los recursos económicos como si fueran un pastel, lo único que podemos hacer es decidir quién recibe el trozo más grande. Pero, cuando cortamos una tarta, sabemos que una porción más grande para una persona también implica porciones más pequeñas para el resto. Entonces, para un gobierno, ofrecer comidas escolares gratuitas crea un coste de oportunidad, puesto que será necesario subir los impuestos y/o reducir los gastos en el ámbito de la salud. Podría argumentarse entonces que el presupuesto gubernamental representa un juego de suma cero.

No obstante, esta visión estática de la economía —cortar un pastel— crea una imagen que resulta engañosa. En muchas circunstancias podemos hornear un pastel más grande para repartir una porción más grande para todos. Por ejemplo, los críticos de esta perspectiva argumentan que incentivar mercados más libres conducirá a una mayor desigualdad: los trabajadores más cualificados y los adinerados tenderán a obtener una porción mayor de la riqueza. Por el contrario, los defensores de la economía del libre mercado consideran errónea esta postura. Si brindamos más oportunidades a los empresarios, se puede establecer un negocio que no solo los beneficie a ellos mismos, sino que también cree nuevos empleos. Por lo tanto, permitir a un empresario que establezca un negocio no constituye un juego de suma cero, porque el aumento de la actividad empresarial permite obtener un pastel más grande y beneficiar a todos.

**JUEGO DE SUMA CERO**

En el siglo XVII, una perspectiva dominante de la economía se centraba en el mercantilismo. Esta teoría del bienestar económico se basaba en gran parte en el pensamiento de suma cero. La idea fundamental era que un país que deseaba enriquecerse debía tomar la riqueza de otro país. La lógica era que la suma del oro en todo el mundo era fija. Si querías más oro, solo lo podías obtener a expensas de otro país. Este pensamiento de suma cero conduce a resultados terribles. Creer que la única manera de enriquecerse es quitándoles recursos a otros incentiva las invasiones, las conquistas de otros países y el establecimiento de imperios. Eso es exactamente lo que sucedió en la era de la conquista y la colonización. Los países europeos viajaban a tierras lejanas, desembarcaban y buscaban obtener la riqueza de esos países recién descubiertos.

Cuando los economistas desarrollaron las teorías del libre comercio, estaban criticando implícitamente la noción de la economía de suma cero. Sugerían que era posible incrementar nuestra riqueza sin quitársela a otros países. El modelo de comercio consiste en crear acuerdos mutuamente beneficiosos. Si Estados Unidos importa caucho de Indonesia, Indonesia gana ingresos provenientes del extranjero que puede invertir en exportaciones estadounidenses de productos manufacturados, como prendas de vestir. En este caso, exportar caucho de Indonesia no representa un juego de suma cero: el país asiático no sale perdiendo al exportar materia prima excedente, sino que gana la capacidad de importar más bienes que no puede producir en ese momento. El comercio beneficia a ambos países y no constituye un juego de suma cero. Lo positivo de comprender que no vivimos en un mundo de suma cero es que reduce la motivación de quitarles a los demás.

Un libro de economía muy influyente fue *La riqueza de las naciones* (1776). Su autor, Adam Smith (1723-1790;

véase p. 161), criticó el mercantilismo y fue un gran impulsor del libre mercado y la política del *laissez faire*. Su pensamiento argumentaba que perseguir el interés propio podía conducir a una ganancia mutua. El carnicero y el panadero producen alimentos para ganar dinero y, al hacerlo, incrementan el bienestar de sus consumidores y proveedores. Lo maravilloso de la economía del *laissez faire* es que implica que los individuos y empresas persiguen su interés propio sin caer en un juego de suma cero. Si bien las empresas pueden estar motivadas por las ganancias y el interés propio, también crean puestos de trabajo y productos que necesitan los consumidores. Los críticos del libre mercado afirman que esta postura conduce a la desigualdad. Sus defensores alegan que no se trata de un juego de suma cero: su principal fundamento es que todos obtengan ganancias.

Sin embargo, Adam Smith también era consciente de las limitaciones del libre mercado. Argumentaba que existían situaciones en que las empresas podían reducir el bienestar de los consumidores. Por ejemplo, si una compañía tiene un monopolio —como East India Company en la época de Smith—, puede cobrar precios más altos y obtener una ganancia mayor a expensas de sus consumidores, que pagarán sumas más elevadas. En este caso, el intercambio se convierte en un juego de suma cero: la compañía cobra un precio más alto, y los consumidores terminan perjudicados.

## FALACIA DE COMPOSICIÓN

La falacia de composición indica que es erróneo considerar los atributos de una pequeña parte y aplicarlos al objeto entero. Por ejemplo, si un espectador se pone de pie, tendrá una mejor vista (cierto). Por lo tanto, si todos los espectadores se ponen de pie, todos tendrán una mejor vista (falso). En economía, podemos ver la falacia de composición de muchas maneras diferentes.

La primera se conoce como la tragedia de los comunes. Este concepto fue desarrollado en 1833 por el economista William Forster Lloyd (1794-1852), quien observó que si, por ejemplo, un pueblo tiene un terreno común donde pastar, y un habitante lleva allí a sus vacas, incrementará su ingreso. Sin embargo, esto no significa que si todos llevaran a su ganado a pastar, todos incrementarían sus ingresos. De hecho, si todos los habitantes del pueblo llevaran a sus vacas a pastar al terreno común, la hierba dejaría de crecer. Esto puede conducir a que estos pastos ya no se encuentren disponibles y a que todos los habitantes del pueblo terminen perdiendo. Este es un ejemplo en que los individuos deben pensar más allá de su interés propio y considerar el panorama general.

En el mundo moderno, un pescador desearía pasar más días en el océano para incrementar su pesca. Pero cuando muchos pescadores salen a alta mar, esto conduce a una escasez de las existencias de pescado. La tragedia de los comunes es un ejemplo de un fallo en el mercado y requiere que los individuos trabajen de manera cooperativa en beneficio del pueblo o que haya alguna forma de intervención gubernamental para evitar el exceso de consumo.

Una contrapartida interesante a la tragedia de los comunes es el trabajo de Elinor Ostrom (1933-2012), que en 2009 se convirtió en la primera de las dos únicas mujeres en ganar el Premio Nobel de Economía. Ella argumentaba que las comunidades suelen ser muy prácticas en la realidad y encuentran maneras de gestionar los recursos compartidos. Utilizaba el ejemplo de las comunidades alpinas de Suiza y Alemania, que administraban los terrenos comunes de pastoreo sin intervención gubernamental. Los lazos sociales y el deseo de ser un buen vecino implican que los individuos no siempre actúan como el hombre egoísta y racional de la economía, sino que comprenden la falacia de composición. Los agricultores locales saben que si todos pastorean de manera excesiva, resultará negativo para ellos a largo plazo, por lo que trabajan de manera conjunta para promover el bien común.

Otro buen ejemplo de la falacia de composición es algo que desarrolló John Maynard Keynes, la paradoja del ahorro. Durante la Gran Depresión, Keynes observó que la decisión individual de incrementar los ahorros personales era una elección racional que aumentaba el bienestar económico. Sin embargo, si todos aumentáramos nuestros ahorros al mismo tiempo, podría ser muy dañino para la economía. En otras palabras, aunque ahorrar más sea una decisión sabia, como sociedad no estaríamos necesariamente mejor si todos lo hiciéramos a la vez. Durante la Gran Depresión había una demanda insuficiente en la economía. Las personas no compraban, de modo que muchos trabajadores tuvieron que ser despedidos. El hecho de que más personas ahorraran cada vez más ocasionó una caída incluso mayor en la demanda y un deterioro aún mayor de la economía. Keynes sostenía que, como respuesta a un aumento en los ahorros, era necesario que el gobierno tomara prestado dinero para contrarrestar la disminución en la demanda. Entonces, en general, ahorrar es una buena práctica para los individuos, pero la economía no se beneficiará si todas las personas se dedican a ahorrar más al mismo tiempo.

Durante la pandemia del covid-19, una persona joven podría haber pensado: «Está bien si socializo y me reúno con personas. No marcará una gran diferencia en la tasa de contagio general, y posiblemente no me suceda nada malo». Sin embargo, si todos se comportaran así, la tasa de contagio explotaría y los hospitales estarían saturados. En una pandemia no podemos pensar en lo que conviene para nuestro interés propio y debemos comprender que, si todos tuvieran una visión egoísta, eso ocasionaría graves costes en términos económicos y de salud para todos los demás.

Otro ejemplo de falacia de composición se puede observar en el pago de los bienes públicos, es decir, aquellos que benefician a toda la sociedad. Desde una perspectiva individual, resulta racional no pagar: ahorras dinero, pero aun así te beneficias de los bienes que pagan otras personas. Supongamos que una empresa ofreciera instalar un sistema de protección contra inundaciones en tu ciudad y les pidiera contribuciones de cincuenta euros a cada habitante. ¿Qué harías? Si tuvieras conciencia cívica, los pagarías. No obstante, si vivieras en una ciudad muy grande, de un millón de personas, podrías pensar: «Si no pago esos cincuenta euros, no se producirá una diferencia muy grande. Entonces, no pagaré y me ahorraré el dinero». Si una persona no paga, no hay grandes repercusiones. Sin embargo, si todos piensan de la misma manera, entonces nadie pagará y el sistema de protección no llegará a construirse, a pesar de que beneficiaría a la ciudad. A esta situación se la conoce como el problema del polizón. Nos podemos beneficiar personalmente al no pagar, pero, si muchas personas deciden hacer lo mismo, todos perderemos porque el bien público (protección frente a inundaciones, la ley y el orden) no llegará a construirse o mantenerse. Para superar el problema del polizón, necesitamos o bien una comunidad estrechamente unida cuyas personas estén dispuestas a considerar el beneficio social, o un gobierno que financie los bienes públicos mediante impuestos generales.

Otro ejemplo de la falacia de composición: la devaluación de la moneda ayuda a incrementar las exportaciones, por lo que las naciones deberían devaluarla para impulsar sus ventas en el exterior. Efectivamente, si una nación devalúa su tipo de cambio, experimentará una ventaja competitiva y un incremento en las exportaciones. Sin embargo, resulta claramente imposible que todos los países devalúen, ya que uno solo puede hacerlo si otro aprecia su valor. Entonces, aunque disminuir el valor de su moneda pueda brindar a un país un impulso a corto plazo, no podemos concluir que sea una política saludable para todos. De hecho, devaluar para aumentar las exportaciones algunas veces se denomina «perspectiva de empobrecer al vecino». Buscamos incrementar las exportaciones a expensas de otro. Por momentos, China ha sido criticada por esta política comercial de empobrecer al vecino, ya que en determinados periodos ha intentado reducir el valor del yuan de manera artificial.

## INTERMEDIARIOS

Los intermediarios son individuos o empresas que actúan como agentes entre productores y compradores. Un ejemplo son los supermercados, que adquieren una variedad de productos a los agricultores y los venden a los consumidores. A pesar de que los intermediarios son ubicuos en nuestras economías, existe la percepción popular de que son los culpables de que los precios suban y que, por tanto, estafan tanto a los productores como a los clientes finales. Pero, si los intermediarios actúan en contra de nuestros intereses, ¿por qué los utilizamos?

Una fábrica de televisores en Taiwán puede producirlos por cincuenta euros. Los vende a distribuidores mayoristas por cien. A su vez, estos se los traspasan a las tiendas por doscientos. La tienda luego se los despacha a los consumidores por cuatrocientos. Si echamos un primer vistazo, parecería que los intermediarios incrementaron el precio para los consumidores de cien a cuatrocientos euros. En teoría, si compráramos directamente a la fábrica, podríamos obtener un televisor por un precio de entre cincuenta (el coste de producción) y cien euros (el precio que se cobra al distribuidor, que incluye una ganancia). Sin embargo, esto no sucede por un número de razones. En primer lugar, si quisiéramos comprar un televisor, sería muy costoso visitar una fábrica en términos de tiempo y dinero. Si visitáramos al fabricante, tampoco podríamos comparar los diferentes modelos. Por consiguiente, resulta más barato y fácil ir a una tienda minorista en el centro de la ciudad, donde puedes comparar los diferentes modelos de distintas marcas. De esa manera, podemos ahorrarnos el coste de viajar a Taiwán para comprar un televisor realmente barato.

Las fábricas están orientadas hacia la producción y no hacia la venta directa. Los consumidores que llaman a sus puertas son una molestia. Una factoría no está hecha para exhibir y vender televisores, ya que debería construir alguna clase de escaparate o mostrador e incurrir en costes más elevados. Pero, en realidad, no le convendría hacerlo, porque solo atraería a un pequeño número de clientes que viven en los alrededores. La fábrica se especializa en producir grandes cantidades para obtener importantes economías de escala. Las economías de escala son fundamentales en la fabricación; significa que a mayor producción, menor será el coste medio. Una gran factoría de televisores puede producir diez mil unidades a la semana. Vender esa cantidad a los consumidores locales sería una tarea ardua y costosa.

En economías menos desarrolladas, cuando las cantidades son muy bajas, los productores pueden vender de manera directa. Los agricultores llevan sus productos a los mercados locales. Sin embargo, esto resulta poco práctico en las economías modernas con grandes economías de escala. Y, dado que la fábrica produce grandes cantidades de televisores, no desea incurrir en los costes asociados con la venta de cantidades muy pequeñas a tiendas locales. En general, la fábrica prefiere venderle a un distribuidor mayorista, que puede concentrarse en despachar esas pequeñas cantidades a tiendas individuales. Un distribuidor mayorista puede parecer un intermediario innecesario, pero el beneficio que brinda a productores y comerciantes es que puede almacenar una gran cantidad de aparatos electrónicos que las tiendas luego pueden comprar en pequeñas cantidades. Si decidieras establecer un pequeño bazar de productos electrónicos en tu ciudad local, podrías intentar llegar a acuerdos con las grandes fábricas, pero posiblemente rechazarían tu oferta. Es demasiado ineficiente. La pequeña tienda tendría que comprar a un mayorista, lo que de muchas maneras resulta más eficiente que realizar acuerdos con distintos fabricantes.

Ahora bien, en el caso de los televisores, las grandes cadenas minoristas pueden tener la capacidad de comprar directamente al fabricante, y posiblemente vendan a precios más bajos que las pequeñas tiendas de electrónicos que recurren a un mayorista. Es por esa razón, sobre todo durante los últimos años, que los pequeños comercios de electrónica afrontaron una caída cuando los consumidores comenzaron a comprar a intermediarios más grandes, como las cadenas minoristas en línea al estilo Amazon. Los intermediarios desaparecerán cuando ya no sean eficientes. No obstante, incluso en la era de internet, todavía no compramos a las fábricas de manera directa. Todavía recurrimos a intermediarios, aunque se trasladen de la calle principal a una dirección de internet.

Algunas veces, los costes extra que implica recurrir a intermediarios mayoristas parecen innecesarios, incluso excesivos. Pero, en ocasiones, la mejor opción para un consumidor es visitar la tienda local. Sabes que el precio de la leche y del pan son un poco más elevados que en el supermercado, pero prefieres pagar un poco más antes que desplazarte a una distancia mayor para comprar en una gran superficie. En este caso, los distribuidores/intermediarios te están ofreciendo una mayor variedad de opciones: o bien precios ligeramente más elevados en una tienda local y menores costes de traslado, o bien precios más bajos en el supermercado. Si nos deshiciéramos de los intermediarios, las tiendas locales no sobrevivirían.

Por supuesto que podemos deshacernos de los intermediarios. Para ello habría que recurrir a un agricultor y comprarle directamente. Algunas granjas cuentan con sus propias tiendas, pero en general resulta más caro adquirir los productos allí que en el supermercado. Las grandes superficies gestionan grandes cantidades, márgenes estrechos y un alto volumen de ventas. Pueden comprar al por mayor y obtener un precio medio mucho más bajo. Cuando visitas la tienda de un productor agrícola, existe un volumen de ventas mucho menor y no hay economía de escala, de modo que el margen de precios debe ser más elevado. En la práctica, a pesar de no tener que pagar intermediarios, en raras ocasiones visitamos tiendas de productos agrícolas, sobre todo si vivimos en la ciudad.

Sin embargo, los intermediarios no siempre conducen a una bajada de precios. De hecho, pueden aumentarlos. Un buen ejemplo es la venta de coches de segunda mano. Cuando adquieres uno de estos vehículos, puedes comprárselo directamente al dueño o a través de un concesionario. El precio en este tipo de comercios es por lo general un 50 % más elevado que el de un vendedor privado. Entonces, ¿por qué escogemos comprar a través de intermediarios y pagar precios más altos? Esto se debe a algo que se denomina selección adversa. Si compramos de manera directa, no podemos conocer el grado de fiabilidad del coche. El economista que desarrolló el modelo de selección adversa, George Akerlof (nacido en 1940), lo explicó en estos términos: «¿Estamos comprando un albaricoque o un limón?». La razón por la que preferimos comprarle a un concesionario es porque confiamos en que venden vehículos buenos y fiables (albaricoques). El vendedor de un concesionario cuenta con el incentivo de proteger su reputación; quizá incluso ofrezca una garantía. Si le compramos a un vendedor privado, este no tiene una reputación que proteger. Puede ser honesto o deshonesto, no tenemos forma de saberlo; puede vender albaricoques o puede vender limones. Preferimos reducir el riesgo y comprar a través de un concesionario. Los precios son más elevados, pero la posibilidad de comprar un vehículo con deficiencias es menor. Una vez más, contamos con la posibilidad de elegir. Si queremos evitar el intermediario, definitivamente podemos hacerlo, pero, si el coche se avería, no podremos devolverlo.

Los intermediarios no siempre son convenientes. Un ejemplo serían los préstamos hipotecarios en el periodo previo a la crisis financiera de 2007-2008. En general, cuando un banco concede un préstamo, revisa si el prestatario puede costear los pagos. Si este no cumple, el banco pierde dinero, de modo que la entidad tiene el incentivo de prestar solo a aquellos que pueden permitirse pedir prestado. Sin embargo, en la década del 2000, las hipotecas solían ser ofrecidas por intermediarios, los agentes hipotecarios, quienes obtenían una comisión por venderlas. El banco sentía que era más eficiente delegar la venta de este tipo de productos. No obstante, los intermediarios hipotecarios implicaban un riesgo moral: obtenían ganancias por vender hipotecas, pero no asumían la responsabilidad de los incumplimientos. Por lo tanto, tenían un incentivo para vender hipotecas, incluso aunque el prestatario no se encontrara en una buena situación financiera. Entonces, lo que sucedió en Estados Unidos principalmente fue que los intermediarios hipotecarios vendieron muchas hipotecas a personas que carecían de un buen historial crediticio. Una vez incumplidos los pagos, los bancos perdían dinero, pero los agentes comerciales se encontraban al margen de esos costes. Para empeorar las cosas, los préstamos hipotecarios se vendieron a otros bancos de manera agrupada, disfrazados como bonos de alta calificación crediticia. En este caso en particular, los intermediarios crearon incentivos perversos que ocasionaron problemas graves a la industria.

Existe otro problema con los intermediarios en caso de que tengan un gran poder o ejerzan monopolios. Por ejemplo, la empresa De Beers controla la mayor parte del suministro de diamantes del mundo, por lo que puede influenciar en el precio de venta que pagan los consumidores. Aquí el problema no se trata tanto de los intermediarios, sino del poder de los monopolios. Puedes intentar evitar su influencia, pero ¿estarías dispuesto a viajar a una mina en Sudáfrica para comprar un anillo de diamantes?

Algunas personas han argumentado que el auge de internet conducirá al reemplazo de los intermediarios. Es cierto que puedes comprar en línea directamente a artistas y productores. Pero los intermediarios aún venden la mayoría de los productos. Por ejemplo, compramos música mayormente gracias a iTunes o Spotify, en lugar de directamente a los músicos que la producen. Todavía adquirimos dispositivos electrónicos a través de intermediarios como Amazon, en lugar de hacerlo en las fábricas. La palabra *intermediario* quizá tenga connotaciones de estafa al consumidor, pero no querríamos que desapareciera. En general, aunque no siempre, los intermediarios incrementan el bienestar económico tanto de los productores como de los consumidores.

## ESTA VEZ ES DIFERENTE (¿POR QUÉ SE REPITEN LAS BURBUJAS?)

Durante la edad de oro neerlandesa surgió un gran interés por los tulipanes. Los bulbos se volvieron tan preciados que su valor se disparó. En el pico de la fiebre por estas flores, los bulbos se vendían por tres mil florines, diez veces el salario anual de un trabajador cualificado. Había una especulación tan intensa que las personas compraban y vendían los derechos de poseer bulbos de tulipán sin ni siquiera haberlos visto florecer. Existía una euforia descomunal por comprar estas liliáceas, cuyo precio no dejaba de subir. Sin embargo, en febrero de 1637, el mercado colapsó de la noche a la mañana: los precios cayeron de manera astronómica. Muchos inversores perdieron su dinero, y quizá se sintieron avergonzados al darse cuenta de lo que habían estado dispuestos a gastar en tan solo un bulbo.

Resulta tentador mirar esta experiencia e inmediatamente pensar «yo nunca caería en una burbuja como esta». Sin embargo, la verdad es que la historia cuenta con una capacidad increíble de repetirse, y desde ese momento hemos presenciado innumerables alzas y caídas de activos. La historia es bien conocida: el crecimiento exponencial de los precios de los activos causa un gran entusiasmo y hace que las personas se desesperen por participar antes de que el mercado cambie y los precios se desplomen. Ha habido muchas burbujas: la fiebre de los canales, que comenzó en la década de 1790 en Inglaterra y Gales; el furor por los ferrocarriles, durante la década de 1840 en el Reino Unido e Irlanda; las dos que afectaron a los precios de las viviendas en el Reino Unido desde mediados de la década de 1980, y la de las puntocom en Estados Unidos entre los años 1995 y 2001. Y habrá muchas más.

¿Por qué emergen tantas burbujas de activos y luego explotan? Un aspecto notable de la naturaleza humana es que nos gusta creer lo siguiente: «Esta vez será diferente. Esta vez podremos escoger un ganador. Esta vez hay una razón detrás del aumento récord de los precios». E incluso si existe alguna evidencia de una burbuja económica, tenemos la confianza de que no nos atrapará: venderemos antes de que se desplomen los precios.

Entonces, ¿por qué repetimos los mismos errores de antes? En primer lugar, los economistas conductuales observan que los seres humanos tienden a sobreestimar sus capacidades y a ignorar sus propias debilidades. En 2006, James Montier realizó una encuesta entre administradores de fondos profesionales —publicada en un artículo llamado «Behaving badly» (Comportándose mal)— y descubrió que el 74 % de los encuestados creía que su desempeño laboral superaba la media; solo el 26 % consideraba que estaba en la media. ¡Un 0 % se reconocía por debajo!

Otro aspecto de la psicología humana es que asumimos con gran facilidad que la mayoría debe tener la razón. Si la mayoría de las personas están comprando viviendas y la vasta mayoría de agentes inmobiliarios afirman que es un buen momento para comprar, ¿quiénes somos nosotros para ir en contra de la sabiduría popular? Entonces, si vemos que hay un número arrollador de personas comprando un activo, asumimos de manera inconsciente que deben saber lo que están haciendo. Por lo tanto, también decidimos comprar. Este comportamiento suele denominarse efecto rebaño: seguimos lo que hacen los demás. El gran economista John Maynard Keynes observó que es mejor fallar y estar dentro de la mayoría que tener éxito y ser parte de la minoría. Esto puede ser cierto en términos de inversión. Si eres un agente inmobiliario y los precios de las viviendas se encuentran en alza, ¿quieres ser el único que advierta que los precios están sobrevalorados?

La sabiduría de las masas, o el efecto rebaño, es una influencia muy poderosa. A finales de la década de 1990, se había puesto de moda comprar acciones en el sector tecnológico o en cualquier área relacionada con internet. En 1996, Alan Greenspan (nacido en 1926) hizo una referencia breve a la «exuberancia irracional» de los valores de los activos. Cuando los precios de las acciones cayeron tres años más tarde, su frase fue considerada un comentario profético sobre cómo los precios de las acciones se habían desvinculado de la realidad. Sin embargo, también fue Alan Greenspan quien presidió la Reserva Federal estadounidense durante los años de auge de comienzos de la década del 2000, y en ese momento falló al no darse cuenta de que el crecimiento récord de los precios de las viviendas estadounidenses y de los préstamos hipotecarios era en realidad una burbuja peligrosa que más adelante explotaría con consecuencias devastadoras. Había una época en la que los economistas bromeaban con que Alan Greenspan era prácticamente Dios, porque la tasa de inflación casi parecía ser la que él deseaba. Si un experto así se equivocó a la hora de reconocer el verdadero alcance de la burbuja que se estaba gestando, ¿resulta sorprendente que tantos otros hayan caído en la misma trampa?

La burbuja y el colapso del sector inmobiliario son un ejemplo interesante de cómo las personas pueden convencerse a ellas mismas de que esta vez será diferente. Teniendo en cuenta el precio de las viviendas, se puede argumentar que tienen un valor real y, si el terreno es muy limitado —como lo es en París o Nueva York—, podemos comprender por qué se elevan por encima de la inflación. Por ejemplo, un apartamento tiene un valor intrínseco mucho mayor que un bulbo de tulipán. Sin embargo, aunque tenga un valor real, eso no significa que sea inmune al comportamiento de una burbuja. Sí, los valores de la vivienda en Nueva York quizá sean un poco más elevados que la media, pero eso no implica que estén destinados a subir para siempre. De hecho, los precios inmobiliarios en la Gran Manzana están sujetos a fenómenos de burbujas y colapsos como en cualquier otro lugar. La diferencia es que parten desde un nivel más alto. Si muchas personas comentan que los precios de las viviendas solo pueden seguir subiendo, el furor irracional puede impulsar el precio mucho más arriba que su valor subyacente. Sucesos inesperados como la pandemia del covid-19 también pueden conducir a cambios a largo plazo en los precios de las viviendas, en este caso incentivando a las personas a trabajar desde sus hogares y, como consecuencia, potencialmente afectando el deseo de vivir en áreas centrales como Nueva York.

El economista Robert Shiller (nacido en 1946) investigó este efecto en su libro *Exuberancia irracional* (2000), donde explica la manera en la que podemos quedar atrapados en una situación en la cual los precios aumentan más allá de su valor real:

Defino una burbuja especulativa como una situación en la que las noticias sobre los aumentos de precios ocasionan el entusiasmo de los inversores, que se expande, de persona a persona, por medio del contagio psicológico y, en el proceso, amplifica historias que justifican los aumentos de precios y que seducen a una clase de inversores cada vez mayor, quienes, a pesar de las dudas sobre el valor real de la inversión, se ven atraídos a invertir, en parte debido a la envidia por el éxito ajeno y en parte por la euforia de la apuesta.

En otras palabras, durante una burbuja, nos agrada encontrar la información que justifica nuestra confianza. Durante estos periodos, uno tiende a hallar muchas personas que explican por qué la inversión se encuentra justificada.

**PROPORCIÓN ENTRE PRECIO Y GANANCIA DEL MERCADO DE VALORES**

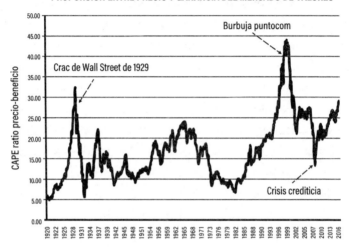

Cuando la proporción entre precio y beneficio (CAPE, por sus siglas en inglés) es alta, las acciones están sobrevaloradas y los rendimientos probablemente sean pobres durante los siguientes veinte años. Al contrario, cuando la proporción es baja, las acciones se encuentran subvaloradas y, por lo tanto, los rendimientos probablemente sean buenos durante los próximos veinte años.

Por supuesto, siempre resulta más fácil predicar después de que ocurran las crisis y comenzar a hacer preguntas en ese mismo momento. Tras el estallido de la fiebre de los tulipanes en 1678: ¿Por qué un bulbo de tulipán costaba varios miles de libras? Después de la crisis de Wall Street de 1929: ¿Por qué la proporción entre los precios de las acciones y las ganancias se elevó más allá de su media a largo plazo? Acabada la crisis crediticia de 2007-2008: ¿Por qué los bancos estaban prestando dinero financiado por los préstamos a corto plazo? El problema reside en que, en mitad de la burbuja, siempre es fácil encontrar respuestas convenientes. En su influyente libro de 2009 *Esta vez es distinto: ocho siglos de necedad financie-ra*, Carmen Reinhart (nacida en 1955) y Kenneth Rogoff (nacido en 1953) plantean argumentos similares para explicar cómo nuestra memoria a corto plazo y nuestro entendimiento miope nos conducen de manera frecuente a atravesar el mismo tipo de crisis financiera. La próxima vez que alguien te diga «En esta ocasión es diferente», piénsatelo un poco más antes de invertir todo tu dinero en un determinado activo.

# 2

# Dilemas políticos

## RECORTES IMPOSITIVOS

En 1980, el tipo impositivo marginal máximo en Estados Unidos era del 70 %. Ronald Reagan —que fue elegido gracias a su promesa de hacer retroceder las fronteras del Estado— consideraba que podía marcar una diferencia visible en este aspecto. La idea de disminuir impuestos atraía de manera natural a un presidente conservador que, en primer lugar, desconfiaba instintivamente del gobierno. La intención de fomentar los recortes impositivos era un argumento teórico que se basaba en que el gobierno podía reducir los impuestos y, al mismo tiempo, impulsar los ingresos públicos. Puede parecer demasiado bueno para ser verdad, pero por aquel entonces, en 1974, el economista Arthur Laffer (nacido en 1940) se había reunido con los funcionarios de la Administración Ford y les había explicado cómo unas tasas impositivas excesivamente elevadas podían conducir a una recaudación muy baja y, por tanto, cómo recortar impuestos mantendría los ingresos fiscales intactos o incluso los aumentaría.

El argumento es que, si las tasas impositivas se encuentran en un 100 %, el gobierno no obtendrá ingresos; no tiene sentido trabajar si todas tus ganancias se diluyen en impuestos. Si las tasas impositivas son de un 0 %, el gobierno tampoco obtendrá ingresos. Por lo tanto, entre el 0 % y el 100 %, debe haber una tasa impositiva que maximice los ingresos. Si la tasa actual del impuesto sobre la renta se encuentra por encima de ese porcentaje deseado, entonces recortar la tasa impositiva puede impulsar los ingresos. La leyenda cuenta que Arthur Laffer dibujó este simple diagrama en una servilleta de un restaurante. Su idea no era original. Ya habían circulado ideas similares desde el siglo XIV gracias al filósofo musulmán Ibn Jaldún. Pero muy pronto el concepto se volvió conocido como la curva de Laffer y, para un político como Ronald Reagan, presentaba un argumento tan simplista como atrayente para bajar los impuestos. Parecía que Reagan podía contar con lo mejor de ambos mundos: recortar tributos —una estrategia que es popular en términos políticos— y a la vez promover el crecimiento económico y la ganancia de mayores ingresos. La esperanza era que disminuir los impuestos incentivara a los individuos y a las empresas a trabajar duro. Habría mayores inversiones, se crearían más empleos y las personas trabajarían horas extras, lo que provocaría un crecimiento económico. Resulta importante destacar que un mayor crecimiento económico implica que el gobierno recibirá mayores ingresos fiscales (provenientes, por ejemplo, de un mayor impuesto sobre las ventas, las sociedades y la renta).

## CURVA DE LAFFER

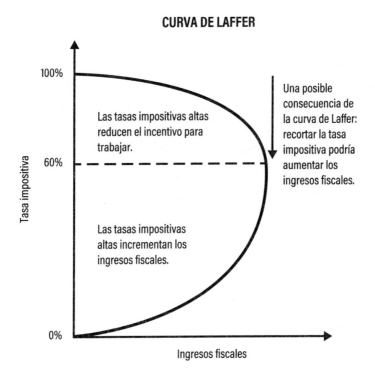

Reagan no necesitaba que lo convencieran demasiado para bajar los impuestos, ya que era una medida que estaba en concordancia con sus instintos políticos, pero los economistas partidarios de la oferta, como Laffer y Milton Friedman (1912-2006), le brindaron el soporte teórico. Así, se recortó el tipo impositivo marginal máximo de un 70 % a un 50 %. En 1986, se redujo de un 50 % a un 28 % la tasa impositiva más alta sobre la renta personal.

Desafortunadamente, el experimento provocó reacciones encontradas. Lejos de incrementar, los ingresos fiscales cayeron en 1981 en un 6 % en términos reales y, poco tiempo después, Estados Unidos se vio obligado a elevar otros impuestos para paliar el déficit de 1981. Como porcentaje del

PIB, los ingresos tributarios estadounidenses cayeron del 19,1 % en 1981 a un 17,8 % en 1989.

En una nota un poco más positiva, después de la recesión de 1981, la economía de Estados Unidos creció de manera sostenida a lo largo de esa década, lo que creó dieciséis millones de empleos durante la presidencia de Reagan. Por otro lado, se crearon incluso más empleos (23,1 millones) durante la presidencia de Bill Clinton; y este volvió a aumentar el tipo impositivo marginal del impuesto a la renta a un 39 %. Por supuesto, siempre resulta difícil establecer la conexión entre los recortes impositivos y la creación de empleos cuando tantos otros factores intervienen en el asunto.

La cuestión clave con la curva de Laffer es la siguiente: ¿Qué tasa impositiva será el nivel óptimo de ingresos fiscales? Muchos economistas indican que podría llegar a ser tan alta como un 70 %. De modo que, si se recortaran los impuestos por debajo de ese porcentaje, *ceteris paribus* (y los demás factores se mantuvieran iguales), habría una caída en los ingresos fiscales. Por lo tanto, solo existen algunas escasas ocasiones en las que un gobierno puede bajar impuestos y realmente aumentar los ingresos fiscales. Muy pocos países establecen tasas tributarias superiores al 70 %.

Desde la perspectiva de un trabajador, un recorte impositivo puede tener efectos diferentes. Por un lado, unas tasas más bajas de impuestos hacen que el trabajo se vuelva más atractivo: si los trabajadores pueden ahorrar un poco más de su salario inicial, quizá estén dispuestos a reducir su tiempo de ocio para trabajar más duro. Sin embargo, existe otro factor en juego —conocido como efecto renta—. Supongamos que tú valoras tu tiempo de ocio y cuentas con un ingreso objetivo de cincuenta mil euros al año. Si se produce un recorte de impuestos, puedes obtener tu ingreso objetivo de cincuenta mil euros trabajando menos horas. En este caso, reducir los tributos puede conducir a una reducción de las horas trabajadas —y menos ingresos fiscales—. En la práctica, muchos empleados no pueden darse el lujo de decidir cuántas horas trabajan; independientemente de si las tasas impositivas suben o bajan, muchos trabajadores no se verán afectados por esta situación.

A pesar de los cuestionamientos sobre cómo los recortes impositivos repercuten en el ingreso fiscal, se ha sostenido como una causa popular entre los economistas del libre mercado y los políticos antimpuestos. En 2011, el estado de Kansas, bajo el gobierno de Sam Brownback, implementó una política muy ambiciosa de recortes tributarios que incluían abolir las tasas comerciales y reducir drásticamente el impuesto sobre la renta. Después de firmar el proyecto de ley, Brownback alegó que las bajadas de impuestos se pagarían por sí solas una vez que provocaran un auge en la actividad económica. Sin embargo, para el año 2017 los ingresos fiscales estatales habían caído, lo que causó un déficit presupuestario de novecientos millones de dólares, y el estado se vio obligado a recortar el gasto de proyectos de carreteras, programas educativos e incluso fondos de pensión. El milagro esperado no sucedió, y el crecimiento y la creación de empleos de Kansas quedaron por debajo de los estados colindantes. Para el año 2017, los recortes tributarios fueron derogados, y el experimento efectivamente se dio por finalizado. Paul Krugman (nacido en 1953) afirma que la hipótesis de que los recortes impositivos se pagan por sí solos es la idea zombi por excelencia, es decir, una creencia que se ha probado que es errónea de manera frecuente, pero que, a pesar de ello, sigue viva, quizá por su atractivo político. Greg Mankiw (nacido en 1958), consejero económico de George W. Bush, adopta una postura más comedida y alega que muy pocos economistas han afirmado que los recortes impositivos se paguen por sí solos. A modo de regla general aproximada, sugiere que quizá un 35 % del recorte impositivo puede compensarse con un mayor crecimiento económico. El experimento de Kansas cometió el error de esperar un milagro económico, y no estaba basado en la correcta observación de la economía.

De manera similar, en 2017, el recorte impositivo de Donald Trump implicó una reducción sustancial en las tasas de los impuestos, sobre todo para los millonarios y las empresas. Algunos de sus partidarios afirmaban que la medida provocaría un crecimiento económico del 6 % anual, y el recorte impositivo se pagaría por sí solo. Sin embargo, los economistas más influyentes en general se mostraron muy críticos con esta medida. El recorte impositivo incrementó de manera significativa la deuda nacional de Estados Unidos y falló a la hora de aumentar los salarios reales o la tasa de crecimiento económico.

También vale la pena señalar la experiencia de Francia en 2013: el presidente francés François Hollande elevó las tasas del IVA, del impuesto sobre las sociedades y del impuesto sobre la renta para los ciudadanos más acaudalados de Francia (un 75 % para ganancias superiores a un millón de euros). Después de que esta medida se hiciera efectiva, el aumento en ingresos fiscales fue mucho menor de lo que el gobierno había previsto. Con una tasa impositiva del 75 %, muchos de los millonarios de Francia simplemente se mudaron a otros países de la UE para evitar pagar una cifra tan elevada. Este es un recordatorio de que unas tasas impositivas muy elevadas pueden ser contraproducentes, sobre todo si resulta más fácil mudarse a otros países. En la era de la globalización, la competencia impositiva puede incentivar a los países más pequeños a ofrecer tasas impositivas muy bajas como una manera de captar inversiones internacionales. Por ejemplo, Irlanda atrajo a grandes multinacionales como Google y Microsoft tras ofrecer bajas tasas del impuesto sobre sociedades. El problema es que esto puede ocasionar una presión competitiva para reducir las tasas tributarias entre diferentes países.

El otro gran dilema de los recortes impositivos es que los políticos, por lo general, sienten una presión social igualmente intensa para incrementar el gasto gubernamental. Los votantes desean más inversión en áreas como salud, pensiones, educación, defensa e infraestructuras. El problema con el recorte impositivo es que existe un coste de oportunidad de contar con menos dinero para invertir en esas áreas —a menos que esa bajada se financie mediante endeudamiento—. Además, actualmente muchas economías occidentales avanzadas se enfrentan a mayores restricciones sobre su gasto público. La Unión Europea, Japón y Estados Unidos están experimentando una caída en sus tasas de crecimiento económico, pero al mismo tiempo deben lidiar con una población envejecida, lo que presiona a los gobiernos a invertir en salud y pensiones. En esas circunstancias, la capacidad de recortar los impuestos se vuelve mucho más desafiante.

Otra cuestión es que la atmósfera política puede ser cambiante. Por ejemplo, durante las dos guerras mundiales del siglo xx, la mayoría de los países contaban con tasas muy elevadas de impuestos sobre la renta personal. Durante las crisis existe un apoyo mucho mayor al aumento de tributos.

La pandemia causada por el covid-19 ha fomentado un apoyo masivo hacia el gasto público para sostener áreas de la economía afectadas por el virus. Es probable que este clima sea más propicio a respaldar un aumento de los impuestos.

## DEUDA PÚBLICA

La deuda pública es un verdadero campo minado para los representantes públicos. Por momentos, el miedo a incrementarla ha causado tanto problemas económicos como políticos. Sin embargo, por otro lado, los economistas muestran su optimismo sobre el incremento de la deuda, sobre todo durante una recesión. El análisis económico keynesiano indica que una deuda pública mayor puede ser beneficiosa para la economía al compensar una caída en el gasto del sector privado. Sin embargo, explicar la economía keynesiana y el beneficio de la deuda pública en discursos políticos puede ser una ardua tarea, en especial cuando los mismos representantes públicos no comprenden por completo la cuestión de la deuda.

Tras la Gran Recesión de 2007-2009, los gobiernos de todo el mundo presenciaron un marcado incremento de la deuda pública. Los halcones del déficit (las personas que se preocupan por el crecimiento de la deuda) señalaban que una deuda mayor podía dar lugar a rendimientos más elevados de los bonos (intereses sobre la deuda) y a un aumento impositivo en el futuro. Resulta muy fácil vender la idea de que una deuda mayor representa una mala gestión económica. En el pico de la crisis, dos economistas —Carmen Reinhart y Kenneth Rogoff— advirtieron que una deuda pública mayor tiende a conducir a un menor crecimiento económico.

Sin embargo, si bien esas críticas suenan razonables, los economistas partidarios del keynesianismo adoptan una postura diferente. Cuando un gobierno solicita préstamos al sector privado, en realidad se está prestando a sí mismo. Durante una recesión, el gobierno pide prestado a bancos y a individuos pudientes a quienes les sobra el dinero. Keynes utiliza la analogía de una familia en la que el abuelo, que cuenta con ahorros de sobra, les presta dinero a sus parientes más jóvenes, que no tienen un ingreso habitual. Los jóvenes ahora le deben al abuelo, pero todo sucede dentro del mismo grupo familiar. En otras palabras, en una economía no se trata tanto de pedir prestado a otros países, sino de hacerlo a aquellos que cuentan con ahorros de sobra.

La economía keynesiana se desarrolló a raíz de la Gran Depresión, un periodo de desempleo masivo que se originó a partir del crac de Wall Street de 1929 y se prolongó hasta la primavera de 1933. En ese momento, la ortodoxia económica establecía que los gobiernos debían mantener un equilibrio en su presupuesto. Esto condujo a que los gobiernos aumentaran los impuestos y recortaran el gasto, pero esa «austeridad» —recortar el gasto público durante una recesión— en general empeoraba la situación. Cuando se recortan las prestaciones de desempleo, los parados cuentan con un poder adquisitivo incluso menor, lo que ocasiona una caída aún más drástica de la demanda, del crecimiento económico y de los ingresos fiscales. Keynes argumentaba que el gobierno podía pedirles prestado a esos ahorradores sin provocar la reducción en el gasto del sector privado. Por lo tanto, si el gobierno se endeudaba para generar inversiones y empleos, esto ayudaría a estimular la demanda y el crecimiento económico, lo que a su vez aumentaría los ingresos fiscales. Esta es la ironía del endeudamiento público: si promueve el crecimiento económico, mejorará los ingresos fiscales a largo plazo. Pero si los países persiguen la austeridad (recortes en el gasto y aumentos en los impuestos), esa situación puede conducir a un crecimiento menor y a una recaudación más pobre de ingresos fiscales. Por tanto, en algunos casos, intentar reducir el déficit presupuestario mediante la austeridad puede volverse contraproducente.

Sin embargo, existe una complicación. En 2012, muchos países europeos que habían adoptado el euro (Grecia, Irlanda, Italia y España) sufrieron una crisis aguda en materia de deuda pública. Los mercados temían estar volviéndose ilíquidos, los rendimientos de los bonos se dispararon y el gobierno se sintió dispuesto a recortar el gasto y reducir la deuda. ¿Cómo podemos explicar esta situación desde la economía keynesiana? De acuerdo con Keynes, los gobiernos pueden endeudarse más durante una recesión sin que los rendimientos de los bonos aumenten. Sin embargo, en estos Estados había sucedido lo contrario. La razón principal es que esos países europeos eran —y son— miembros de la eurozona y no tenían su propia moneda. No podían devaluar frente a otros países europeos y no podían pedirle a su propio banco central que imprimiera dinero —creándolo de manera electrónica, una política monetaria conocida como expansión cuantitativa; véase p. 115— y comprara deuda pública. Japón, Estados Unidos y el Reino Unido tienen su propia moneda y su propio banco central. Si a fin de mes Japón no vende la suficiente deuda al sector privado, el Banco de Japón literalmente puede crear dinero electrónico y «comprar» la deuda. Puede sonar demasiado bueno para ser cierto, pero es lo que sucede en la realidad. La Reserva Federal de Estados

Unidos —el banco central de ese país— compró cantidades sustanciales de bonos estadounidenses en el periodo posterior a las crisis de 2008.

El problema para Italia y España no residía tanto en la deuda pública, sino en la falta de flexibilidad dentro de la eurozona. Finalmente, el Banco Central Europeo (BCE) cambió su política y Mario Draghi, su presidente, prometió hacer «lo que fuera necesario»; es decir, crear dinero e intervenir. Después de esto, los rendimientos de bonos en Europa se desplomaron y hubo una menor presión para fomentar la austeridad.

**DEUDA PÚBLICA DEL REINO UNIDO - PORCENTAJE DEL PIB DESDE 1727**

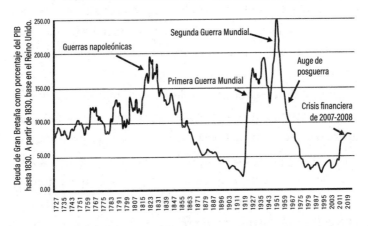

Otra característica del endeudamiento público es que, durante una gran crisis, la deuda pública es una manera de financiar una parte de los gastos de emergencia. Durante las guerras mundiales del último siglo, la deuda pública aumentó de manera significativa. Durante la crisis del covid-19 iniciada en 2020, hubo un salto en el endeudamiento público cuando las economías se paralizaron y los gobiernos ofrecieron apoyo financiero a trabajadores y empresas afectadas por el confinamiento. En medio de tales crisis, las preocupaciones sobre el endeudamiento tienden a evaporarse y aumenta la presión política para ofrecer apoyo gubernamental.

Sin embargo, si bien existen argumentos económicos sólidos para endeudarse durante una recesión —y quizá para financiar la inversión en el sector público, como la construcción de nuevas carreteras—, esto no significa que los gobiernos puedan endeudarse tanto como quieran. Tienen limitaciones a largo plazo. La economía keynesiana no reside solamente en endeudarse durante una recesión; también se trata de reducir la deuda durante periodos de gran crecimiento económico. El problema es que un mayor endeudamiento puede ser conveniente políticamente a corto plazo, pero crea problemas futuros.

Por lo tanto, la deuda pública como una solución fácil a corto plazo para afrontar los desafíos presupuestarios a largo plazo puede transformarse en un dilema político. Por ejemplo, un país con una población envejecida y una baja tasa de crecimiento económico —como sucede en muchas economías occidentales, especialmente en Japón e Italia— se enfrentará a restricciones presupuestarias. Una población envejecida aumenta la demanda de gasto público (pensiones y atención médica), pero, debido a la reducción de la población laboral, el gobierno recibe menos ingresos fiscales. Este cambio a largo plazo plantea decisiones difíciles para los Estados. Para mantener el gasto en pensiones, el gobierno puede necesitar incrementar los impuestos, recortar otras áreas de gasto o aumentar la edad de jubilación, todas políticas poco populares.

Una solución más directa es permitir que el endeudamiento se acumule. Pero financiar una población envejecida aumentando la deuda pública no es sostenible a largo plazo. Simplemente retrasa las decisiones presupuestarias. Si el gobierno se endeuda para financiar el gasto de capital, como puede ser la construcción de nuevas carreteras, esto debería conducir a un aumento en la productividad y a un mayor crecimiento para, finalmente, obtener más ingresos fiscales para las arcas públicas. Sin embargo, si se endeuda para financiar pensiones, no existirán ganancias en términos de productividad ni crecimiento económico; es simplemente crear un problema mayor para el futuro. Un futuro de impuestos más elevados o restricciones presupuestarias.

De la misma manera, si un gobierno continúa vendiendo más deuda, pueden desarrollarse serios problemas. Por ejemplo, si bien el Reino Unido y Estados Unidos tuvieron la capacidad de crear dinero sin causar inflación durante la Gran Recesión, existen ocasiones en las que los gobiernos se dejan llevar e imprimen demasiado dinero, y esto puede ocasionar una hiperinflación desestabilizadora. Una causa de la hiperinflación alemana de 1923 fue el aumento en su endeudamiento público tras la Primera Guerra Mundial. Frente al estancamiento político en el Parlamento, la solución más fácil a corto plazo fue imprimir moneda. Una situación similar tuvo lugar en Zimbabue a mediados de la década del 2000: para afrontar una economía deficiente y una abultada deuda pública, el gobierno respondió imprimiendo dinero y provocando una hiperinflación, ¡calculada con una tasa porcentual de 79,6 mil millones al mes en noviembre de 2008! O, por decirlo de otra manera, los zimbabuenses se enfrentaron a una tasa de inflación diaria del 98 %.

Asimismo, si los países financian su deuda pública mediante el endeudamiento en el extranjero, se presentan complicaciones adicionales. La tenencia extranjera de deuda hace que los países se vuelvan vulnerables a la fuga de capitales, que ocurre cuando los inversores extranjeros albergan reparos sobre una economía y venden la deuda pública para traer dinero de regreso a la economía doméstica. Este es el caso particular de las economías emergentes, como la argentina, la rusa y la de los países del Sudeste Asiático. El alto endeudamiento público puede transformarse en un problema si la economía sufre dificultades y la moneda se devalúa. Cuando esto último ocurre, los inversores extranjeros no desean poseer deuda en esa moneda y la venderán, lo que causará un rendimiento de bonos más elevado, que a su vez aumentará el coste de endeudarse.

Entonces, ¿hasta qué punto puede endeudarse un gobierno? Esa es una pregunta muy acertada, pero no resulta fácil de responder. En 2020, la deuda pública japonesa alcanzó el 240 % del PIB, pero los rendimientos de los bonos eran bajos y los inversores privados estaban dispuestos a seguir comprando. Cuando la deuda nacional de Italia alcanzó el 100 % en 2012, esto ocasionó la preocupación de los inversores y un aumento en el rendimiento de los bonos, por lo que el gobierno se vio obligado a fomentar la austeridad. En 1951, la deuda pública del Reino Unido alcanzó un pico de más del 200 % del PIB (debido al coste de la Segunda Guerra Mundial y el estado del bienestar posterior a esta). Sin embargo, lejos de estancar la economía, el periodo de posguerra trajo aparejado un crecimiento sólido; la deuda decreció de manera constante y no hubo crisis de endeudamiento. En 2019, la deuda pública de Argentina era de un 89 % del PIB y, en

2020, al país se le hacía difícil nuevamente cumplir con sus acreedores internacionales. Desde su independencia en 1816, Argentina ha incumplido el pago de su deuda en nueve ocasiones. Como resultado, tiene costes de endeudamiento más elevados que otros países: debe pagar intereses más altos para atraer inversores, porque su deuda se percibe como de mayor riesgo.

Esto prueba que muchos otros factores entran en juego más allá del tamaño real de la deuda. Si un país cuenta con un buen historial de pago de deuda, entonces los inversores se sentirán más seguros; por ejemplo, países como Canadá, Bélgica, Dinamarca y el Reino Unido nunca han incumplido el pago de su deuda pública. Si el gobierno tiene su propia política monetaria y tasa de cambio, esto le permite una mayor flexibilidad. Sin embargo, los inversores son mucho más reticentes en relación con países con historial de incumplimiento de deuda, lo que a su vez ocasiona que la crisis de endeudamiento sea más probable.

## INMIGRACIÓN

Este es un asunto que puede suscitar fuertes pasiones políticas. La hostilidad hacia la inmigración a gran escala ha sido un tema recurrente en muchos países de todo el mundo. Sin embargo, la economía de la inmigración puede ofrecer un entendimiento diferente y más complejo de esta cuestión política y cultural.

La migración neta, ¿beneficia o perjudica el bienestar económico? En primer lugar, depende del tipo de migración. Si los recién llegados se encuentran en edad laboral, en general son fuente de varios beneficios económicos. Las personas en edad laboral tienden a ser contribuyentes netos al presupuesto gubernamental. Pagan el impuesto de la renta y no requieren tantas prestaciones de pensión y salud. Por el contrario, si la mayoría de los migrantes netos superan los sesenta años, ejercerán un impacto muy diferente en la economía. Es poco probable que las personas de más de esta edad trabajen y, por lo tanto, pagarán un bajo impuesto de la renta, pero podrán optar a prestaciones de pensión y de salud. Como regla general, es más probable que los migrantes sean activos laboralmente. Las personas que desean abandonar un país para mudarse a otro suelen albergar la aspiración de alcanzar un mejor nivel de vida. Para dar ese gran salto y trasladarse a otra nación, contarán con la promesa de un empleo o con expectativas razonables de conseguir uno. Es poco probable que aquellas personas cercanas a la edad de jubilación se arriesguen a migrar a otro país, aunque los familiares de aquellos que se han establecido en otra nación con frecuencia obtienen la autorización para migrar.

**Fuga de cerebros.** La migración también puede ser autoselectiva, ya que la mayoría de las personas ambiciosas y trabajadoras y aquellas de espíritu emprendedor están más dispuestas a correr el riesgo y mudarse a otro lugar. Mientras que los países que experimentan una migración neta entrante (incluidos Estados Unidos, el Reino Unido y Alemania) suelen enfocarse en las desventajas de este fenómeno, vale la pena considerar su impacto en los países en desarrollo cuyos jóvenes trabajadores deciden marcharse para encontrar trabajos mejor remunerados. Desde que se unieron a la UE, muchas economías de Europa del Este han experimentado una fuga de cerebros: sus mejores y más capacitados trabajadores abandonan su país nativo para trabajar en otro lugar. La población activa de Letonia cayó un 25 % entre 2000 y 2017, y un 33 % de los graduados universitarios emigraron. Esta situación implica costes para la economía local, ya que pierde la cualificación, la productividad, la inversión en educación, los ingresos fiscales y el espíritu emprendedor de aquellos que se marchan fuera. De acuerdo con el FMI, la emigración conducirá a que el PIB por persona en Bulgaria y Rumanía sea un 3-4 % menor de lo que sería en caso contrario.

Pero no todas las noticias para los países que sufren la fuga de cerebros son malas, puesto que reciben algunas remesas (parte del salario que se envía al país de origen). Los países de la UE también se han beneficiado de la inversión entrante y las transferencias en su territorio, que han incrementado el crecimiento económico. Asimismo, la fuga de cerebros ha provocado una presión al alza en los salarios para reducir la brecha salarial entre el Este y el Oeste, ya que las empresas locales se encontraron con dificultades para cubrir las vacantes laborales. Sin embargo, la fuga de cerebros supone un verdadero dolor de cabeza para las arcas públicas, porque la proporción de personas en edad laboral disminuye. En 2013, Letonia tenía una proporción de 3,3 trabajadores con respecto a las personas de más de sesenta y cinco años. Debido a la inmigración, se espera que esta proporción decaiga a 2,0 trabajadores para el 2030. Esto significa que en el futuro existirá una dificultad para el pago de pensiones y será necesario aumentar los impuestos. Asimismo, el FMI destaca que la fuga de cerebros puede ocasionar costes no económicos. Si los trabajadores mejor educados y con mayores aspiraciones abandonan la economía, esto puede ocasionar un impacto negativo en las instituciones políticas y culturales del país de salida.

La ironía de estas cuestiones relacionadas con la fuga de cerebros es que la situación opuesta también es cierta: la migración neta a gran escala representa una solución efectiva al problema del envejecimiento de la población. Alrededor del mundo, pero especialmente en países como Japón o Italia y, en general, los de Europa occidental, presenciamos una caída sin precedentes del índice de natalidad. El impacto de esta situación es la problemática pirámide invertida de población, que puede ocasionar una proporción mucho más pequeña de trabajadores respecto a los jubilados. En Europa, en 2010 había aproximadamente cuatro adultos en edad laboral por cada persona de más de sesenta y cinco años (una proporción de 4:1). Para el 2050, se espera que esta proporción disminuya a dos adultos en edad laboral por cada persona de más de sesenta y cinco años (2:1). Esto ocasionará una escasez de trabajadores, una carga fiscal más elevada sobre la población activa y dificultades para cumplir con los requerimientos de salud y pensiones. Fomentar la inmigración masiva de trabajadores jóvenes es una solución potencial para lidiar con el aumento de la tasa de dependencia y la disminución de la población. Aunque en la actualidad no sea un fenómeno popular, la migración neta puede volverse mucho más atractiva en veinte años.

Sin embargo, la inmigración genera muchas otras preguntas controvertidas. En primer lugar, existe el temor de que los recién llegados ocupen los empleos de los trabajadores nativos. Como ya debatimos en la falacia de la escasez de trabajo (véase p. 20), este es un argumento débil. Aunque los migrantes incrementan la fuerza laboral, también elevan la demanda de trabajo a través de un mayor gasto y, por lo tanto, crean tantos puestos de trabajo como aquellos de los que se «apropian». Otra preocupación es que fomentar la migración desde países que cuentan con salarios más bajos provocará una presión hacia la bajada de sueldos, en especial para los trabajadores nativos con escasa formación. Los datos sobre esta problemática no son concluyentes, aunque existe evidencia considerable de que la migración no causa una caída general de los sueldos. Los periodos de migración masiva a Estados Unidos y Europa han sido perfectamente compatibles con una subida de los salarios.

La cuestión es que los migrantes no solo aumentan la oferta laboral —que por sí misma puede disminuir los sueldos—, sino que también contribuyen a una demanda creciente en la economía, que a su vez conduce a una demanda mayor de salarios. Los recién llegados también demuestran ser particularmente emprendedores. Muchas famosas empresas estadounidenses se desarrollaron de la mano de inmigrantes o de hijos de inmigrantes. Una hipótesis es que fomentar este fenómeno desde diferentes países incrementa la capacidad, el conocimiento, la creatividad y el potencial de la economía. En particular, Estados Unidos se ha beneficiado de la migración de científicos altamente cualificados. Albert Einstein, Nikola Tesla y Enrico Fermi eran todos inmigrantes que se convirtieron en ciudadanos estadounidenses.

El impacto sobre los trabajadores de escasa formación es un poco más complejo. Algunos informes indican que este grupo de trabajadores (los que abandonaron el bachillerato) puede sufrir un impacto negativo causado por la migración poco cualificada. El argumento es que un flujo de recién llegados con pocos estudios hacia sectores como la agricultura ocasionaría que las empresas mantuvieran los salarios bajos e incluso los recortasen.

Sin embargo, los inmigrantes y trabajadores nativos por lo general no compiten por los mismos empleos. Un impacto interesante de la migración neta es que puede conducir a un aumento en la oferta de cuidado infantil relativamente económica. Esto permite que más mujeres nativas ingresen y aumenten su participación en el mercado laboral, ya que pueden emplear a migrantes con bajos salarios para que cuiden a sus hijos. Asimismo, a muchas economías occidentales les resulta dificultoso cubrir algunos empleos. Por ejemplo, recoger frutas o el cuidado social son actividades difíciles de cubrir sin la participación de los migrantes, como quedó demostrado tras el referéndum del Brexit de 2016, cuando el Reino Unido atrajo menos migrantes de Europa del Este y, como consecuencia, muchos agricultores británicos se quejaron de la dificultad de encontrar mano de obra nativa para cubrir puestos de trabajo estacionales.

Cuando se observa el fenómeno de la inmigración, también es importante mirar más allá del PIB, los salarios y el empleo. Una de las preocupaciones sobre la migración masiva es el impacto localizado sobre la vivienda, la aglomeración y los servicios sociales. Los inmigrantes suelen verse atraídos por sectores de gran densidad poblacional, por las ciudades que ofrecen más oferta laboral. El aumento de población puede ocasionar la subida de los precios del alquiler y de la venta de viviendas, lo que deviene en un coste económico para los trabajadores nativos que no poseen una propiedad. Asimismo, si la inmigración se encuentra concentrada en un solo sector, se suele percibir que los servicios locales quedan sujetos a una presión creciente. Si los recién llegados incrementan en un 10 % la población local, esto ejercerá una tensión en servicios como la salud, la educación y la vivienda. El problema será exacerbado si los recursos no se destinan a sectores con una gran tasa de inmigración. En teoría, la migración debería conducir a un mayor ingreso fiscal, que a su vez permitiría una inversión mayor en vivienda y educación. Aun así, este proceso puede demorarse, y entonces los nativos solo observarán un aumento en la demanda y un proceso de sobrepoblación, y no les importará demasiado el aumento teórico del PIB para la economía en general.

Otro problema con la inmigración es que la manera en la que se la percibe puede ser muy relevante. Si un área ya experimenta problemáticas sociales y cuenta con infraestructura y servicios sociales deficientes, los recién llegados pueden transformarse en un blanco político fácil. Un blanco que esconde el problema real: la falta de inversión pública y unas economías locales deprimidas. Puede resultar tentador señalar que los migrantes están haciendo que surjan listas de espera en los hospitales, a pesar de que esas listas existirían sin ellos. Para complicar aún más la situación, todos estos argumentos económicos se vuelven más polémicos cuando se tienen en cuenta las percepciones políticas subyacentes sobre personas de diferentes etnias y valores culturales. La oposición al multiculturalismo puede quedar oculta por argumentos económicos, cuando la motivación real tal vez sea un rechazo hacia los extranjeros. De igual manera, por el contrario, los defensores de la migración neta muchas veces escogen los beneficios económicos de manera selectiva e ignoran otros problemas, como la sobrepoblación o la escasez de viviendas. Existen tantas investigaciones sobre la migración que, por lo general, no es difícil encontrar una que justifique un punto de vista determinado.

En los próximos treinta o cuarenta años, el debate sobre la inmigración tal vez cambie de manera significativa, solo por el hecho de que veremos una población que está en proceso de envejecimiento y disminución. En este escenario futuro, podría incluso haber más competencia para atraer a trabajadores jóvenes y formados para trabajar en áreas como la agricultura, la enfermería y la educación. Frente al declive en la población y el aumento de las tasas de dependencia, el argumento en favor de la migración se volverá más atractivo. Podríamos llegar a una situación en que las economías desarrolladas hagan un gran esfuerzo por atraer nuevos ciudadanos para cubrir las vacantes laborales.

## LA RESPONSABILIDAD DEL PRESIDENTE

Si hay algo que realmente molesta a los economistas es que se realicen generalizaciones absolutas sobre el desempeño de un presidente teniendo en cuenta solo el estado de la economía. Cuando esta funciona bien, los votantes, de manera comprensible, tienen una mirada favorable hacia el jefe del gobierno de turno; en cambio, si la economía es deficiente y hay alto desempleo y bajo crecimiento, probablemente le culpen. Pero, desde una perspectiva económica, ¿hasta qué punto es realmente responsable un presidente del estado de la economía?

Cuando se combinan todos los diferentes factores, las políticas y declaraciones del presidente pueden influir aproximadamente en un 15 %. La verdad es que los jefes de gobierno pueden tener buena o mala suerte. Jimmy Carter sufrió la mala fortuna de tener que lidiar con la crisis de los precios del petróleo en los últimos años de la década de 1970. Herbert Hoover tuvo la mala suerte de asumir la presidencia en 1929, algunos meses antes del crac de Wall Street. Eisenhower, Kennedy y Johnson se beneficiaron, hasta cierto punto, del auge económico de la posguerra. Sin embargo, si bien la suerte y los factores externos juegan un papel determinante en la economía, también sería erróneo ubicarse en el extremo opuesto y obviar por completo la influencia que puede ejercer un presidente.

Por ejemplo, Hoover, sin duda, fue muy desafortunado al llegar a la Casa Blanca en marzo de 1929, pero, al mismo tiempo, su respuesta al crac bursátil y a la subsecuente depresión fue de muchas maneras un verdadero fracaso. Por ejemplo, se resistió a las iniciativas de ayuda federal, como las prestaciones de desempleo. Después, en 1930, firmó la ley Hawley-Smoot, que resultó muy perjudicial para el comercio internacional; más de mil economistas habían firmado una petición advirtiéndole de las consecuencias. Y, en 1931, con la economía de rodillas, Hoover aprobó una serie de importantes aumentos impositivos para contrarrestar el déficit presupuestario. De manera que sí, este presidente tuvo mala suerte, pero falló a la hora de evitar que la recesión se transformara en una depresión mucho más arrolladora. Tal vez se vio atrapado por la ortodoxia económica prevalente de la época: la creencia en el libre mercado. En sus memorias, Hoover afirma que su secretario del tesoro, Andrew Mellon, creía que la recesión debía seguir su curso: «Liquide el empleo, liquide las acciones de la bolsa, liquide a los agricultores, liquide los bienes raíces. Eso purgará la podredumbre del sistema. Los altos costes y el nivel de vida caerán... los emprendedores recogerán los restos de las personas menos competentes».[1]

El desempleo subió al 20 % y, a pesar de algunas iniciativas tardías de ofrecer apoyo federal, Hoover se convirtió en sinónimo del peor periodo de la Gran Depresión. Los asentamientos improvisados por los desempleados y personas sin hogar fueron denominados «Hoovervilles» por sus oponentes, y ese término se mantuvo firme.

Al comparar el historial económico de presidentes o partidos políticos, ¿cuántos de esos datos económicos se pueden atribuir realmente al jefe del gobierno? En primer lugar, las economías se encuentran fuertemente influenciadas por el desempeño del sector privado. La tasa de crecimiento a largo plazo depende en gran medida de la buena marcha de la producción y la innovación tecnológica. Esas son áreas en las que el presidente solo tiene una influencia marginal. El periodo de posguerra trajo aparejado una mejora significativa en la productividad gracias a los dispositivos de ahorro de trabajo como lavadoras, automóviles y el aumento en la utilización de ordenadores. Estas innovaciones tecnológicas no fueron el resultado de las políticas presidenciales, sino de la innovación del sector privado.

Desde 2007, existe la preocupación de que el crecimiento productivo se ha ralentizado en todo el mundo. Algunos especulan que esto se debe a que las mejoras tecnológicas que estamos presenciando son menos significativas que aquellas que las precedieron. En el área de la informática, se está alcanzando de manera muy veloz una tasa de crecimiento exponencial. La inteligencia artificial e internet pueden parecer maravillosos, pero en realidad fueron las tecnologías más simples, como el telegrama, el teléfono y la electricidad las que ocasionaron el gran salto en la productividad y el crecimiento económico. Por supuesto, es posible que un presidente pueda contribuir a crear un entorno para fomentar la innovación tecnológica —durante la Segunda Guerra Mundial, una fuerte intervención del gobierno hizo posible importantes avances en ese campo—, pero, en términos generales, las empresas y los inventores no se ven influenciados por las administraciones, sino que persiguen sus propias motivaciones e iniciativas.

Otro aspecto de la política económica es que puede haber importantes demoras entre la implementación de una medida y su impacto real. Por ejemplo, si un presidente implementa políticas efectivas centradas en la oferta, como la privatización y la desregulación, el resultado de esas decisiones —ya sea positivo o negativo— solo se apreciará en cuestión de años. Es necesario que transcurra el tiempo para que el impacto se filtre en la economía. Lo mismo sucede con la política macroeconómica: si un presidente asienta las condiciones necesarias para un crecimiento significativo, el impulso de esas políticas puede durar varios años. Conducir la economía es parecido a pilotar un buque de gran calado. Si el barco se encuentra fuertemente impulsado y giras el timón, su dirección no cambia de inmediato.

Cuando Donald Trump fue elegido en 2016, la economía se encontraba funcionando bastante bien. Había un sólido crecimiento económico, el desempleo se hallaba en caída y se estaban creando nuevos puestos de trabajo. Durante el primer trimestre de 2017, Trump se otorgó el mérito de esa economía fuerte. Sin embargo, hay dos aspectos que vale la pena señalar. En primer lugar, los datos económicos publicados en el primer trimestre de 2017 en realidad reflejan lo que sucedió en 2016 bajo el mandato de Obama. En segundo lugar, un mes después de ser elegido, Trump no hubiera tenido tiempo suficiente como para influir en la economía de ninguna manera significativa, ya sea positiva o negativamente. El estado de la economía en 2017 es, en realidad, un reflejo del impulso económico de los años precedentes. Es por esta razón que algunos aducen que el desempeño económico relativamente sólido de los años 2017-2018 en Estados Unidos se debe tanto a la administración previa como a la actual.

Otro aspecto de la economía que vale la pena destacar es que las políticas de un presidente pueden tener un impacto muy limitado en la economía real. Un buen ejemplo que ilustra esta situación es la política de comercio de Donald Trump. Incluso los economistas de derecha e inclinación republicana consideraban que su guerra comercial con China conduciría a una pérdida del bienestar económico, lo que ocasionaría una subida de precios para los consumidores estadounidenses y una bajada en las exportaciones de muchas empresas. Los beneficios para algunas industrias en particular, como la manufactura del acero, serían muy limitados y se verían contrarrestados por los factores negativos. Sin embargo, aunque una guerra comercial tenga claros efectos económicos negativos, es posible que en términos generales ni siquiera sean visibles. ¿Por qué? Bueno, supongamos que una guerra comercial provoca una pérdida del bienestar económico y reduce el crecimiento un 0,2 % de lo que hubiera crecido en otra situación. Esto significa que, en lugar de una tasa de crecimiento del 3,0 % anual, la tasa de crecimiento en verdad es del 2,8 %. En este caso, nadie observa el impacto negativo de la política comercial del presidente. Resulta un dato de interés para los economistas —porque está ejerciendo un daño—, pero no es la clase de efecto que cambiará la confianza en la economía.

El otro aspecto a tener en cuenta es que las verdaderas tareas importantes de la política macroeconómica no las llevan a cabo los políticos. En la mayoría de las economías occidentales, la herramienta más importante, la política monetaria, es en realidad implementada por un banco central independiente. El objetivo del banco central es mantener una inflación baja, un crecimiento económico estable y un desempleo reducido. Si el presidente implementa políticas para ralentizar la economía, el banco central puede contraatacar «flexibilizando» la política monetaria. Por ejemplo, si una administración subiera los impuestos y recortara el gasto, esto causaría un freno en el crecimiento. Sin embargo, como respuesta, el banco central recortaría los tipos de interés o imprimiría moneda, lo que provocaría un aumento de la demanda. Como respuesta a la desaceleración causada por el covid-19, la Reserva Federal afirmó que haría todo lo necesario para promover la recuperación económica y lograr una inflación positiva.

Las decisiones de la Reserva Federal de cambiar los tipos de interés y crear dinero pueden ejercer un impacto mucho más relevante en la economía que las decisiones del presidente electo. De igual manera, podríamos culpar a los políticos por no prever la burbuja económica/crediticia de principios de la década del 2000 —que condujo a la crisis de crédito del 2007-2008—. Hasta cierto punto, esto es cierto; algunos políticos previsores podrían haber implementado una mejor regulación de préstamos hipotecarios y prácticas bancarias. Pero se podría argumentar que la Reserva Federal fue el culpable mayor, ya que adoptó una política monetaria relativamente flexible a comienzos de la década del 2000, lo que alentó los préstamos hipotecarios sin considerar que la burbuja inmobiliaria se convertiría en un problema. Como se destacó anteriormente (véase p. 50), las predicciones de Alan Greenspan eran consideradas casi infalibles en términos de gestión económica, pero después del 2007 su reputación cayó en picado. Y, aun así, sus acciones ejercieron un mayor impacto que las del presidente.

La crisis crediticia también brinda un buen ejemplo de retrasos temporales. En la década de 1980, tanto Estados Unidos como el Reino Unido buscaban con entusiasmo eliminar los controles crediticios y liberalizar los mercados financieros. En las décadas de 1980 y 1990, los efectos de estas políticas fueron considerablemente benignos. Pero, en 2007, la consecuencia de las medidas adoptadas en la década de 1980 salió a la luz. El crecimiento inesperado de derivados, permutas de incumplimiento crediticio y las diferentes prácticas de préstamos hipotecarios ocasionaron muchos problemas para los políticos, que no habían tenido nada que ver en la legislación de los años ochenta.

Esta sección parece afirmar que los presidentes pueden ejercer un impacto muy limitado en la economía, pero las excepciones son notables. En 1929, una serie de significativos errores en términos de medidas políticas empujó a Estados Unidos hacia la Gran Depresión, y la crisis crediticia de 2007-2008 tendría la misma capacidad de desencadenar una recesión galopante. No obstante, la política económica había evolucionado desde la década de 1930. En todo el mundo, los gobiernos tomaron ciertas medidas para garantizar el sistema bancario y ofrecer algunas respuestas en materia de política fiscal. Por ejemplo, se ofrecieron considerables rescates financieros a los bancos de Estados Unidos. Cuando Obama asumió la presidencia en 2009, propuso un rescate para la industria automotriz estadounidense y aprobó algunas políticas fiscales expansivas. Estas tres medidas contribuyeron a una recuperación económica más sólida que en Europa, donde existía una reticencia mayor a la intervención. De no haber existido la implementación de estas políticas, la situación económica de Estados Unidos probablemente habría sido peor, y las tasas de desempleo hubieran escalado aún más. Sin embargo, en 2010, el partido del presidente Obama perdió terreno en las elecciones a mitad de legislatura, presuntamente porque resultaría difícil sostener un eslogan que dijera: «Bueno, podría haber sido peor».

## EL EFECTO DERRAME

El efecto derrame indica que, cuando aumentan los ingresos de las personas más ricas, toda la sociedad se verá beneficiada. En otras palabras, no debería preocuparnos que los ricos se vuelvan más ricos, porque algo de esa riqueza se filtrará hacia los niveles inferiores y mejorará el bienestar económico de todos. El efecto derrame está estrechamente relacionado con las políticas económicas de Ronald Reagan y las reformas de libre mercado de las décadas de 1980 y 1990. Economistas como Friedrich Hayek, Milton Friedman y Arthur Laffer alegan que el efecto derrame significa que no deberíamos enfocarnos en reducir la desigualdad de ingresos, sino en incrementar los ingresos en general. En lugar de intentar distribuir el pastel de manera más equitativa, intentamos obtener un pastel más grande para que se beneficien todos. El efecto derrame ha sido utilizado para justificar políticas como recortes sobre el impuesto de la renta, privatizaciones y la liberalización de los servicios financieros.

El argumento se basa en que un incremento en la riqueza de los adinerados significa que aumentarán sus gastos de consumo. Esto conducirá a una mayor demanda de bienes y servicios, y creará empleo adicional en la economía. Por ejemplo, los superricos estarán dispuestos a contratar a chóferes y asistentes personales, lo que creará nuevos puestos para la clase trabajadora. En segundo lugar, el incremento en la riqueza les animará a invertir, y así crearán empleos y elevarán los salarios. Por ejemplo, a medida que los precios de las acciones de Amazon han aumentado, Jeff Bezos ha ido ampliando el alcance de las operaciones de la compañía e invirtiendo en nuevos productos y depósitos, lo que ha permitido la creación de nuevos empleos que mejoran la economía. En tercer lugar, a medida que los ricos experimentan un aumento en su riqueza, también tributan más, a través de gastos fiscales y los impuestos sobre la renta y sociedades. Por ejemplo, el 1 % de los que más ganan en Estados Unidos (con ingresos que superan los 515.371 dólares) pagan aproximadamente 38 % de impuesto federal sobre la renta.

Estos mayores ingresos públicos permitirán al gobierno invertir más en educación, salud y seguridad social. Por lo tanto, beneficiará de manera indirecta a todos en la sociedad, aun cuando la conexión directa no sea aparente. La tributación es esencial para proporcionar una red de prestaciones sociales, que elevan los estándares de vida de aquellos que están desempleados. Asimismo, mientras los ricos aumentan sus ingresos, esto provocará un efecto multiplicador. Si una persona rica contrata a un chófer nuevo, este obtiene un empleo, por lo que también gastará más dinero, lo que a su vez creará un incremento, por ejemplo, en la demanda de restaurantes y ocio.

A finales del siglo XIX y durante la primera mitad del siglo XX, encontramos suficientes evidencias que respaldan la existencia del efecto derrame. El éxito de grandes empresas como Ford Motors y General Electric permitió un aumento de ingresos para sus dueños y directivos, y durante este periodo las ganancias no solo alcanzaron al 10 % de ciudadanos con las rentas más altas. El mayor crecimiento económico condujo a un aumento significativo en los salarios reales. A medida que Ford Motor Company se volvía más rentable, aumentó el sueldo de sus empleados, y de esa manera mejoraron los estándares de vida. Cuando los trabajadores vieron un aumento sustancial de sus salarios reales, se produjo una mayor demanda de bienes de consumo, lo que a su vez continuó beneficiando a las empresas: los empleados de Ford fueron los primeros operarios en poder permitirse el «lujo» de tener un automóvil. Esto supuso una revolución real y, de manera irónica, el alza en los salarios implicó un gran beneficio para las empresas y sus directivos. A medida que aumentaban los ingresos de los trabajadores y de la clase media, se produjo un aumento considerable en la venta de productos como automóviles, y así se creó un ciclo positivo de mayor demanda y salarios más elevados del que se benefició la sociedad entera. Desde 1900 hasta 1980, gracias a que el 10 % de los más adinerados mejoró su posición, la desigualdad se redujo paradójicamente, y esos datos sugerían que el efecto derrame era en verdad favorable para la sociedad.

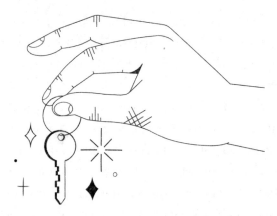

Sin embargo, desde 1980 la evidencia del beneficio del efecto derrame ha resultado más esquiva, porque, en lugar de reducir la desigualdad, ha fomentado lo contrario: una brecha cada vez más amplia entre ricos y pobres. Los ingresos y la riqueza del 10 % más adinerado incrementaron de manera considerable, pero los grupos de bajos ingresos se quedaron atrás. El problema es que, a medida que los ricos se vuelven más ricos, no existen garantías de que el aumento de sus cuentas se derrame a los niveles inferiores. En primer lugar, cuando un millonario obtiene más ingresos, no necesariamente gasta ese dinero extra. No necesita gastarlo de manera inmediata, de modo que destina un porcentaje alto de esas ganancias extra al ahorro, a inversiones en bolsa o a la compra de activos. Por lo tanto, este aumento de ingresos no necesariamente beneficia a los trabajadores de baja remuneración o a los desempleados. En algunos casos, incluso podría perjudicar los estándares de vida. Por ejemplo, a medida que los millonarios ganan más, puede que compren más activos, como propiedades. Esto ocasiona que los precios de las inmuebles se eleven por encima de la tasa de inflación y que los jóvenes y los empleados de baja remuneración sufran más dificultades a la hora de adquirir una vivienda. Además, cuando se compran más casas y los precios aumentan, los trabajadores de baja remuneración se enfrentan a costes más elevados de renta. En la década del 2000, en Estados Unidos se acuñó el término *Generation Rent* para describir a aquella generación de jóvenes trabajadores que no ganaban lo suficiente como para comprar una vivienda y debían destinar una porción importante de sus ingresos disponibles al alquiler. Esa es en parte una consecuencia del vertiginoso crecimiento de la riqueza de los millonarios.

Otro problema con la teoría del efecto derrame es la magnitud de evasión fiscal a la que las empresas y los más ricos pueden recurrir. Por ejemplo, Apple representa el caso de una empresa muy rentable. Cuenta con una fuerte lealtad de marca y cobra precios elevados. En teoría, a medida que Apple genera más ganancias, estas se derraman hacia la economía a través de mayor inversión y creación de empleos. No obstante, ¡Apple ha logrado acumular reservas financieras de más de doscientos mil millones de dólares! Una parte significativa de sus reservas se encuentra alojada en cuentas bancarias en el extranjero, en territorios como las Bermudas. Y ahí, simplemente, no observamos el mismo efecto derrame. El FMI estima que la evasión de impuestos a nivel global conduce a una pérdida de ingresos fiscales provenientes de las sociedades de alrededor de entre quinientos-seiscientos mil millones de dólares al año, por lo que el potencial efecto derrame de esa tributación no se está materializando. Desde las décadas de 1950 y 1960, la globalización ha permitido más movilidad de capital, y son las personas de alta remuneración y los millonarios quienes cuentan con los recursos para evadir impuestos. El economista James S. Henry estimó que, desde 2015, se han depositado hasta 36 billones de dólares en paraísos fiscales. El efecto derrame es nulo cuando la riqueza se acumula en los paraísos fiscales.

Sin embargo, el efecto depende del individuo y de la empresa en cuestión. Por ejemplo, Bill Gates se ha comprometido a gastar la mayor parte de su creciente riqueza en proyectos benéficos por todo el mundo. En este caso, se puede observar un efecto derrame real, no solo desde los que más tienen hacia los trabajadores de bajos ingresos, sino desde el país más rico (Estados Unidos) hacia otros en vías de desarrollo, que se benefician del flujo de capital e inversión.

El economista Thomas Piketty (nacido en 1971) se muestra escéptico con respecto al efecto derrame, ya que observa que en las últimas décadas hemos sido testigos de algo más parecido a un efecto derrame hacia arriba, es decir, los ricos se vuelven más ricos mientras que las rentas más bajas advierten que sus estándares de vida se estancan o incluso empeoran. Piketty observa que, lejos de filtrarse hacia abajo, la riqueza simplemente tiende a generar más riqueza. Cuando las empresas estadounidenses se beneficiaron de un recorte en el impuesto de sociedades, hubo un aumento sustancial en la recompra de acciones. En otras palabras, las empresas no utilizaron el dinero para crear nuevos empleos ni invertir más, sino que compraron sus propias acciones, y así incrementaron sus valores y permitieron el pago de más dividendos. Cuando los ingresos del 1 % de los más adinerados aumentan rápidamente, algo se derramará, ya que habrá mayor consumo de productos, y eso creará algunos empleos. Pero el mayor incremento de ingresos tiende a destinarse a ahorros o invertirse en activos y propiedades. Y esos ahorros e inversiones no se derraman hacia los grupos de rentas más bajas.

¿Y qué sucede con los filántropos ricos? ¿Acaso su actividad genera un efecto derrame? A fines del siglo XIX, los hombres más ricos de Estados Unidos (Andrew Carnegie, John D. Rockefeller) comenzaron a donar parte de su abultada riqueza a causas benéficas. Andrew Carnegie había construido una rentable empresa siderúrgica, y no tenía reparos en pagar bajos sueldos, cobrar precios altos y actuar como un monopolista. Esa clase de comportamiento evidentemente limita el efecto derrame, ya que Carnegie se limitaba a acumular la riqueza que su compañía creaba. No obstante, vendió su empresa siderúrgica en 1901, y, en el momento en que falleció, dieciocho años más tarde, había donado 4,8 mil millones de dólares (equivalentes a unos 67 mil millones de euros actuales) a causas benéficas para la creación de bibliotecas y universidades.

Sin embargo, el efecto derrame de la filantropía puede ser fácilmente sobreestimado: el 50 % de la riqueza mundial se encuentra en manos del 1 % de su población. Se estima que las organizaciones benéficas controlan 1,4 billones de euros. No obstante, gran parte de la filantropía de élite implica donar a causas selectas, como prestigiosas universidades, escuelas privadas y sectores artísticos propios de la clase alta, como la ópera. La donación directa hacia los pobres es tan solo un componente pequeño. Los filántropos también donan a las causas políticas que apoyan, ya sea la familia Koch, que apoya a los partidos de derecha, o George Soros, que respalda causas liberales. En este sentido, los beneficios de la filantropía son objeto de gran debate.

El efecto derrame puede ser real cuando existe un sistema de impuestos progresivo, una fuerza laboral organizada y un consenso para repartir la riqueza en la economía. Sin embargo, en las últimas décadas, el alcance del efecto derrame se ha vuelto mucho más limitado. Esto se debe a factores que incluyen una caída en el sistema de impuestos progresivo (sobre la renta y la riqueza); un descenso en el poder de los sindicatos y la fuerza laboral organizada, así como mercados laborales más flexibles y el fenómeno de la globalización, que facilita la evasión de impuestos por medio de cuentas en el extranjero.

## INFLACIÓN

La inflación mide el cambio en el coste de la vida, la tasa de aumento de precios. En un periodo de inflación, el valor del dinero decrece, lo que explica por qué este fenómeno resulta dañino para aquellos que cuentan con ahorros. Por ejemplo, en 1925, se podía comprar un automóvil Ford T por 260 euros. Hoy en día, debido a la inflación, tal vez puedas costear solo las cuatro llantas con esa misma cantidad.

Un aumento de precios de un 3 % anual, por ejemplo, siempre supone un inconveniente, pero no es un problema grave y nos podemos adaptar con facilidad. No obstante, cuando las tasas de inflación son muy altas resultan devastadoras para la economía. Unas tasas de inflación superiores al 100 % hacen que el dinero pierda su valor rápidamente. Las personas que ahorran efectivo verán cómo se evapora el valor real de sus ahorros, y la confianza en el sistema económico comenzará a decaer.

Cuando la inflación supera el 10.000 % anual, la actividad económica normal puede colapsar. Si los precios se elevan tan rápido que ya no se puede confiar en el dinero, las personas que lo reciben intentarán comprar un activo lo antes posible, algo que mantenga su valor. El ejemplo más famoso de hiperinflación es el de Alemania en 1923. Para continuar pagando los salarios de los trabajadores, el gobierno no dejaba de imprimir dinero. De manera predecible, esto condujo a una inflación muy alta y la única manera de mantener a los trabajadores satisfechos era imprimir más dinero, lo que a su vez causaba una mayor inflación. Las transacciones normales se desarticularon y muchos recurrieron a la economía del trueque. Las personas buscaban intercambiar dinero por cualquier clase de objeto, ya fueran metales o incluso cualquier baratija como botones y algodón. Tan pronto como las personas recibían su sueldo, corrían a las tiendas a comprar pan, ya que al final del día su precio sería más elevado que al comienzo.

La alta inflación también provocó una redistribución masiva de la riqueza. Los ahorradores de clase media, que habían guardado su dinero de manera diligente durante muchos años, vieron cómo sus ahorros se tornaban inservibles en un corto periodo de tiempo. Irónicamente, una inflación muy alta puede beneficiar a aquellos que tienen deudas muy elevadas; el aumento de salarios y el aumento de precios hacen que sea mucho más fácil saldar las deudas —cuyo valor numérico permanece constante y no aumenta—. No todos perdieron en la hiperinflación de Alemania: aquellos que tenían activos físicos, terrenos, empresas o acciones en realidad presenciaron un aumento de su riqueza. Pero el deterioro del valor de la moneda fue una experiencia traumática y creó profundos resentimientos. Los costes de la hiperinflación alemana alimentaron los conflictos que condujeron al ascenso de Hitler, que llegó al poder diez años más tarde. En la actualidad, ochenta años después, las cicatrices de la hiperinflación alemana aún pueden percibirse en el enfoque antiinflacionario del Banco Central Europeo.

Han existido otros casos de hiperinflación, como el de Zimbabue en 2008 (véase p. 67) o Hungría en 1946, cuando los precios se duplicaban cada 15,3 horas en julio a una tasa mensual de 41,9 mil billones de euros por ciento —a día de hoy, es el ejemplo más extremo de inflación mensual jamás visto—. También experimentó la hiperinflación la Confederación de la Guerra Civil de Estados Unidos de 1861-1865, que hacia su final había experimentado un aumento del 92 % en el coste de vida. Esta clase de hiperinflación resulta extraña en las economías desarrolladas, pero en estas sigue habiendo un gran temor a la inflación, aunque se trate de niveles más bajos. Incluso una tasa moderada puede ocasionar costes económicos y psicológicos. En primer lugar, los ahorradores perderán si la tasa de inflación es más alta que el tipo de interés que obtienen. En segundo lugar, una tasa de inflación alta crea un clima de incertidumbre y confusión, que puede conducir a un comportamiento de aversión al riesgo. Por ejemplo, si la inflación es alta y volátil, una empresa no tendrá certezas en cuanto a los costes y demanda futuros y, por lo tanto, restringirá las inversiones. Este argumento se utiliza con frecuencia para explicar por qué los países con tasas de inflación bajas y estables tienden a tener mejores indicadores de crecimiento económico a largo plazo. También, a medida que aumenta la inflación, se crean mayores costes de menú entre los consumidores. Si los precios son estables, resulta fácil comprar, pero si los precios cambian frecuentemente, necesitamos invertir más tiempo en comparar precios y descubrir qué es lo que está sucediendo.

En general, durante una situación inflacionaria, los salarios también aumentarán, de modo que, en teoría, los trabajadores no deberían sufrir pérdidas. Pero incluso aunque los sueldos aumenten, existe un disgusto psicológico de ver cómo los precios de los productos continúan subiendo. Asimismo, no existe una garantía de que los salarios siempre sigan equiparados con los precios. En 2009, algunos países experimentaron la doble desventaja de un alza de precios (debido a un aumento de los precios del petróleo) y una caída de los salarios. En tal caso, la inflación se traduce de manera directa en ingresos reales más bajos. Por último, una inflación alta hace que un país sea incapaz de competir internacionalmente. Si la tasa es más elevada en Grecia que en Alemania, la primera tendrá dificultades para exportar y mantendrá un déficit de cuenta corriente con la segunda, lo que conducirá a su vez a un menor crecimiento económico en Grecia.

Milton Friedman dijo la conocida frase de que «la inflación es un impuesto con representación». Es una frase que resume la aversión a este fenómeno, que resulta muy fuerte entre los monetaristas. Friedman insinuaba que los gobiernos podían usar la inflación para reducir sus deudas de manera efectiva a costa de los ahorradores (personas que poseían bonos públicos). En la década de 1970, demostró tener razón.

Tras la Segunda Guerra Mundial, todas las grandes economías cargaban con grandes niveles de deuda pública. No obstante, los ahorradores estaban dispuestos a comprar bonos públicos a una tasa relativamente baja porque esperaban una inflación igualmente baja. Si esta es del 2 % y el gobierno paga un 5 % de interés sobre los bonos públicos, es una buena inversión; obtienes una ganancia efectiva del 3 %

(5-2). Sin embargo, en la década de 1970, la inflación subió inesperadamente. Digamos que las personas compraron bonos que ofrecían el 5 % de interés, pero en 1973 la tasa de Estados Unidos aumentó rápidamente al 11 %. Este periodo de alta inflación facilitó de gran manera reducir la deuda pública como porcentaje del PIB. El gobierno literalmente estaba deshaciéndose de la deuda gracias a la inflación. Pero mientras el gobierno ganaba, los tenedores de bonos perdían. Los pagos con un interés del 5 % no hacían frente a la inflación del 11 % y a la caída del valor del bono. Los tenedores de bonos estaban ganando un tipo de interés real del −6 % (5-11).

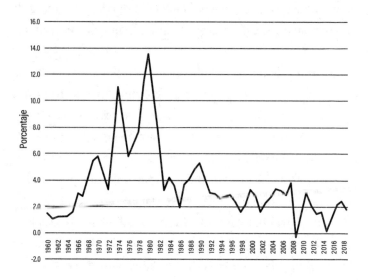

INFLACIÓN DE ESTADOS UNIDOS DURANTE 1960-2019

El problema de utilizar la inflación para reducir el valor de la deuda pública es que puede salir bien en un par de ocasiones. Si un país se gana la reputación de tener altas tasas, los inversores no querrán adquirir bonos a menos que exista un alto rendimiento para compensar el riesgo inflacionario. Sin embargo, cuando un gobierno tiene una gran deuda, siempre es una tentación utilizar la inflación para reducir el valor real de esta.

El otro problema con respecto a la inflación es que, a pesar de sus costes, puede resultar muy tentador para un gobierno fomentar un crecimiento inflacionario justo antes de una elección. Un gobierno que busca una popularidad temporal puede perseguir una política monetaria o fiscal expansiva. Esto implica recortar tipos de interés y/o impuestos. Frente a un interés bajo, los prestatarios y propietarios tendrán más ingresos disponibles. Al ver que su situación mejora, incrementarán sus gastos. El impacto de este aumento en el gasto es que conducirá a un crecimiento económico mayor y a un menor desempleo. Es esta clase de economía la que inclinará a los votantes a apoyar el rumbo económico del gobierno.

Sin embargo, existe un problema al perseguir una tasa de crecimiento más rápida: tiende a causar inflación. A medida que aumenta la demanda de los consumidores, las empresas responden subiendo los precios. A medida que cae el desempleo, los trabajadores pueden exigir salarios más altos. En otras palabras, el problema de impulsar el crecimiento económico a corto plazo reside en que causa inflación. A corto plazo, los beneficios de un mayor crecimiento pueden ser más visibles que la inflación progresiva y, por tanto, si el gobierno actúa en el momento adecuado, ganará la reelección sobre la base de una economía sólida y los votantes no habrán percibido la inflación. No obstante, el problema reside en que, tras la reelección, la inflación comienza a acelerar su paso. El crecimiento rápido no es sostenible, y en ese momento el gobierno debe reducir la inflación que provocó. Los tipos de interés suben y el auge económico se convierte en un colapso o recesión. Esta clase de crecimiento económico también se conoce como *stop-go*. La economía crece más allá de su potencial, pero la inflación hace que retroceda y finalmente se detenga. En el periodo de posguerra, algunas economías occidentales experimentaron este ciclo económico de auge y colapso, y, en general, se desconfiaba que los gobiernos pudieran mantener una inflación baja. Siempre había un impulso político de perseguir un crecimiento mayor y, si causaba inflación, ese era un problema para más adelante.

Debido a este ciclo político empresarial, actualmente muchas economías han traspasado el control de la inflación de los políticos electos a los banqueros centrales no electos. En la UE, la política monetaria está dictada por el BCE, que es independiente y cuyo objetivo es mantener la inflación en un porcentaje menor al 2 %. Cuando los bancos centrales controlan la política monetaria, existe menos probabilidad de que surja una inflación impulsada por la demanda. Y estos no necesitan ganar elecciones, de manera que no permiten que aumente la inflación en busca de un rédito político temporal. La desventaja es que la política económica más importante es implementada por banqueros centrales que no son elegidos, pero que albergan la capacidad de impulsar o perjudicar la economía.

## TIPOS DE CAMBIO

Los tipos de cambio miden el valor de una moneda en comparación con otra. Las fluctuaciones en el tipo de cambio ocasionan efectos significativos en los consumidores y en las empresas, pero también en el crecimiento económico y el balance de pagos. Un tipo de cambio sólido —uno que crece en valor o que se aprecia— brinda ciertas ventajas para la economía. Por ejemplo, si el dólar estadounidense se aprecia, los ciudadanos de Estados Unidos serán capaces de comprar más importaciones por la misma suma de dólares. Un tipo de cambio sólido puede incrementar los niveles de vida, ya que los consumidores podrán comprar más productos del exterior. Y también es una buena noticia para aquellos que desean disfrutar de unas vacaciones en el extranjero: cuanto más alto es el tipo de cambio, más barato será pasar tiempo en otro país. Un tipo de cambio sólido también permitirá a las empresas encontrar materia prima más barata, lo que contribuirá a reducir el gasto de fabricación. Unos costes de producción más bajos y unos precios de importación más baratos reducirán la inflación. Al mismo tiempo, la apreciación del dólar crea incentivos a largo plazo para que los exportadores estadounidenses recorten costes y se vuelvan más eficientes y, por lo tanto, permanezcan competitivos. Finalmente, un tipo de cambio «fuerte» puede percibirse, en términos políticos, como un reflejo de una economía «fuerte», e incluso de un gobierno «fuerte». Han existido múltiples ocasiones en las que los gobiernos buscaron proteger el valor de su moneda para proyectar una imagen de estabilidad y fortaleza.

Sin embargo, a pesar de las ventajas potenciales de un tipo de cambio fuerte, los Estados pueden buscar el camino inverso y perseguir una política de devaluación del tipo de cambio. La devaluación implica reducir el valor de la moneda en comparación con otras. La principal motivación para hacerlo es que brinda una ventaja competitiva a los exportadores.

Supongamos que el tipo de cambio entre la moneda estadounidense y la japonesa es de 1 dólar = 100 yenes. Pero luego el dólar decrece su valor y, por lo tanto, 1 dólar = 70 yenes. Los estadounidenses que compren un producto a 700 yenes ahora tendrán que pagar más dólares. Inicialmente, necesitaban 7 dólares para comprarlo. Pero con un tipo de cambio de 1 dólar = 70 yenes, necesitarán pagar 10 dólares. El coste más elevado de las importaciones reducirá el gasto en estas.

No obstante, para las empresas estadounidenses, sus exportaciones ahora serán más competitivas. Si un producto cuesta 20 dólares, a un consumidor japonés solía costarle 2.000 yenes. Pero ahora, tras la devaluación, le costará solo 1.400 yenes.

Por lo tanto, una devaluación del dólar conducirá a un incremento en la demanda de productos estadounidenses. Más aún, a medida que Estados Unidos aumenta sus exportaciones y reduce sus importaciones, esta situación conducirá a un mejor déficit comercial (déficit de cuenta corriente).

Si las compañías manufactureras estadounidenses estuvieran en dificultades y en riesgo de cerrar debido a las importaciones baratas, una política de devaluación del dólar sería una estrategia efectiva a corto plazo para impulsar a las empresas exportadoras. Una devaluación del 10 % podría ser suficiente para lograr que las compañías vuelvan a ser competitivas y permanezcan rentables, y así se aseguren los empleos en el sector manufacturero. Por esta razón, esta medida puede resultar políticamente atractiva. Es una estrategia bastante indolora que puede ofrecer un beneficio rápido a un sector clave, las industrias exportadoras con cierta influencia en los políticos.

En ocasiones, China ha buscado de manera deliberada mantener su moneda subvaluada. Esto condujo a que fuera acusada de ser una «manipuladora de divisas», es decir, de mantener débil su moneda artificialmente para obtener una ventaja competitiva a costa de sus rivales. China adoptó esa estrategia porque su economía depende fuertemente del sector exportador, y su gobierno ha temido que un crecimiento débil provoque un aumento del desempleo y, por consiguiente, agitación social. Entre los años 2005 y 2007, hubo evidencias claras de que China era una manipuladora de divisas: para mantener el yuan subvaluado, los bancos chinos no dejaban de comprar activos estadounidenses, tales como bonos públicos. Esto condujo a un crecimiento en las exportaciones chinas y a un gran déficit comercial estadounidense con respecto al gigante asiático. (De manera irónica también ayudó al gobierno estadounidense a financiar sus déficits presupuestarios a un coste bajo.)

### TIPO DE CAMBIO CHINA/ESTADOS UNIDOS

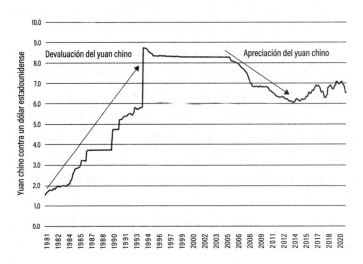

Cuando Donald Trump fue elegido presidente en 2016, hizo gran hincapié en el superávit comercial chino y la percepción de la subvaluación del yuan. Con la intención de recuperar el equilibrio, frecuentemente manifestaba su deseo de contar con un dólar más débil. Vale la pena señalar que, en la práctica, un presidente no suele tener la capacidad de conseguir que la moneda se haga más débil. El valor del dólar está impulsado por el mercado y los fundamentos económicos, y, a menos que la Reserva Federal aumente de manera significativa la oferta de dinero, el dólar no se depreciará. Por ejemplo, en 2020, la divisa estadounidense se apreció debido a que la crisis del covid-19 llevó a los inversores a buscar un refugio seguro, y escogieron el dólar.

Sin embargo, si el banco central de un país se compromete a debilitar el tipo de cambio, logrará algún efecto. Para reducir el valor de una moneda, un banco central deberá recortar los tipos de interés e incrementar la oferta de dinero. Si se recortan los tipos de interés de Estados Unidos, guardar dinero en los bancos de este país resulta relativamente menos atractivo, de modo que la demanda global para ahorrar en dólares experimentará una caída. Además, la Reserva Federal puede incrementar de manera significativa la oferta de dinero, que finalmente terminará causando un proceso inflacionario. Si la inflación estadounidense aumenta más rápido que la de otros países, los productos de Estados Unidos no serán competitivos, de modo que habrá menor demanda de exportaciones estadounidenses y, por consiguiente, menor demanda de dólares. Esto también causará que el dólar pierda valor.

Entonces, si tener una moneda débil brinda el beneficio de un mayor crecimiento económico, ¿por qué no recurren a esta estrategia más países? En primer lugar, fomentar una moneda más débil tenderá a causar presiones inflacionarias. Las importaciones se volverán más caras, y el coste del nivel de vida aumentará. Este es un problema particular para los países que importan grandes cantidades de materia prima, como petróleo o alimentos. En segundo lugar, la ventaja en términos competitivos podría tener corta duración. Al principio, las exportaciones son más competitivas debido a una mayor debilidad en la moneda, pero si esta debilidad provoca inflación, las ganancias disminuirán con el tiempo y los precios volverán a aumentar.

Un tercer problema reside en que la devaluación no es una política que todos los países puedan implementar. Se necesita una moneda contra la cual devaluar. Supongamos que el dólar estadounidense se devalúa contra el yuan chino: Estados Unidos ganará una ventaja competitiva, pero China puede responder devaluando su propia moneda para recuperar esa ventaja. Por lo tanto, puede que esto acabe en una situación denominada «devaluación competitiva», en la cual los países compiten para lograr que sus exportaciones sean más baratas. Es un ejemplo clásico de juego de suma cero (véase p. 37): solo se puede devaluar apreciando otra moneda. Es posible volverte más competitivo solo haciendo que tu socio comercial sea menos competitivo. A veces sucede también que a tus socios comerciales no les agrada tu política de «empobrecer al vecino» (véase p. 41). Por todas estas razones, las devaluaciones competitivas son poco frecuentes o tienden a ser de corta duración.

La otra cuestión sobre los tipos de cambio es que el beneficio de una devaluación o apreciación depende de muchos factores: en particular, del estado de la economía. Por ejemplo, en la década de 1930, las principales monedas eran parte del patrón oro, que condujo a tipos de cambio fijos. Sin embargo, cuando golpeó la Gran Depresión, muchos países se enfrentaron a un tipo de cambio sobrevaluado y un margen muy limitado para la política monetaria. En 1931, el Reino Unido se vio forzado a abandonar el patrón oro y devaluar la libra. Esta devaluación benefició la economía, abarató las exportaciones y ayudó a promover el crecimiento económico. Más aún, la inflación no es un problema durante un periodo de depresión, de manera que la preocupación usual de que la devaluación promoviera la inflación no estaba justificada. En 2012, muchos países europeos del sur de la eurozona estaban padeciendo dificultades: bajo crecimiento económico, alto desempleo y grandes déficits de cuenta corriente. Estados como Portugal, Italia, Grecia y España —un grupo de economías que con frecuencia se denominan peyorativamente PIGS— tenían una inflación más alta que Alemania y el norte de Europa, de manera que sus exportaciones se estaban volviendo menos competitivas y conducían a un crecimiento económico menor. Sin embargo, estos países del sur de Europa no podían devaluar porque compartían la moneda común de la eurozona. Por tanto, se encontraban efectivamente atrapados con un tipo de cambio sobrevaluado y eran incapaces de tomar acción. Este tipo de cambio sobrevaluado fue el factor subyacente de su prolongada recesión económica, que tuvo lugar a principios de la década de 2010. Países con un tipo de cambio flotante, como el Reino Unido, Estados Unidos y Japón, cuentan con más flexibilidad. Si la moneda se encuentra sobrevalorada, las fuerzas del mercado tenderán a reducir su valor y restaurar la competitividad.

## RESCATE FINANCIERO

Si una empresa se encuentra a punto de cesar su actividad, ¿debería el gobierno intervenir para proteger la empresa y salvar empleos?

Por lo general, los economistas del libre mercado son muy recelosos de la intervención del gobierno para «salvar» compañías en problemas. Argumentan que volverse no rentable es una señal de que la empresa carece de eficiencia o es parte de una industria en declive. Intentar rescatar a una compañía mediante un subsidio público podría suponer malgastar el dinero. Si la empresa está fracasando, los economistas del libre mercado se preguntan por qué la ayuda del gobierno cambiaría la situación. Pero hay un problema mayor: si una compañía que está en dificultades se vuelve dependiente del subsidio del gobierno, es posible que se esfuerce en mantener las ayudas y no tome las exigentes acciones requeridas para reestructurarse y lograr que el negocio sea viable a largo plazo.

Joseph Schumpeter (1883-1950) acuñó la expresión «destrucción creativa» para referirse a la naturaleza del capitalismo de renovarse a sí mismo de manera continua. Para este economista, permitir que empresas ineficientes fracasen es un elemento clave para redirigir los recursos hacia usos más eficaces y productivos. Por ejemplo, en la década de 1980, muchas minas de carbón de Europa y Estados Unidos se estaban volviendo menos competentes y luchaban por obtener ganancias. Esta situación puso en riesgo muchos empleos. Los gobiernos debían decidir si ofrecían a las empresas de carbón un rescate que pudiera permitirles seguir intentándolo durante algunos años más, o si asumían la postura de que cerrar una mina acelera el movimiento de capital y mano de obra hacia industrias diferentes más rentables y más innovadoras —como las energías renovables—. En la década de 1980, el Reino Unido y Estados Unidos por lo general no rescataron industrias con pérdidas, por lo que hubo cierres masivos. Con el carbón existe un factor adicional, y es que intentar rescatar minas —como Estados Unidos optó por hacer en cierta medida— solo fomenta el mantenimiento de industrias muy contaminantes.

El problema para los políticos es que el cierre de una empresa reconocida conduce a notorias pérdidas de empleos. Desde una perspectiva política, que los trabajadores le rueguen al gobierno que salve sus puestos de trabajo y a su compañía es una narrativa atrayente. El argumento a favor de la intervención del gobierno es incluso más convincente si la industria tiene una importancia estratégica. Por ejemplo, si una aerolínea nacional —como Swiss Air o Air France— sufre dificultades, es probable que el gobierno considere que debería proteger la industria por cuestiones de reputación. Permitir que tu aerolínea nacional fracase transmite una imagen negativa sobre la economía. También algunas industrias —como la agrícola, la de defensa y la manufacturera— pueden alegar que producen bienes de interés nacional. En lugar de depender exclusivamente de importaciones de alimentos, es posible que un gobierno rescate a grandes sectores agropecuarios para que la nación continúe produciendo sus propios alimentos. Si un país depende de las importaciones para proveerse de productos y servicios clave, debe ser consciente de que esto representa una vulnerabilidad en tiempos de crisis o conflictos, como fue el caso de la Segunda Guerra Mundial, cuando se interrumpió el abastecimiento de alimentos al Reino Unido por los bloqueos navales.

No obstante, a pesar de todos estos argumentos, la intervención gubernamental lleva aparejado un sustancial coste de oportunidad. Supongamos que el gobierno paga dinero para proteger una industria en declive. En ese caso, no se puede utilizar ese dinero para áreas más productivas de gasto, como financiar programas de recapacitación profesional para ayudar a los desempleados a encontrar puestos de trabajo en nuevos sectores. Asimismo, como ya hemos mencionado, al sostener una empresa poco eficaz, el gobierno bloquea de manera indirecta el movimiento del capital y de la mano de obra hacia otras industrias más eficientes. Schumpeter aseguraba que una de los fallos más significativos del modelo comunista soviético es que no permitía el fracaso. Incluso aunque las empresas estuvieran produciendo bienes que en realidad nadie quería, el gobierno las sostenía. No existía una correlación directa entre la utilidad social y la supervivencia de la fábrica. Esta protección frente al fracaso significaba que no quedaba lugar ni margen para que surgieran empresas nuevas, innovadoras y eficientes.

Hay pocos economistas —si es que todavía los hay— que creen en los subsidios indiscriminados para empresas que experimentan pérdidas. Sin embargo, existen situaciones que no son tan sencillas. Por ejemplo, durante una recesión grave, algunas empresas se enfrentan a una pérdida dramática de ganancias y se sitúan al borde del cierre debido a las dificultades asociadas a la recesión, dificultades que son temporales. Por ejemplo, en el año 2009, empresas automotrices estadounidenses como General Motors y Chrysler se encontraban muy cerca de la quiebra. Esto se debía en parte a una pérdida de competitividad a largo plazo con las empresas europeas y japonesas, pero una parte mayor se debió a que la recesión de 2009 afectó la demanda de automóviles de lujo que producían estas firmas. Hubo un gran debate sobre si se debía rescatar a estas empresas del motor. Algunos economistas consideraban que el gobierno no debía malgastar el dinero de los contribuyentes en una industria que estaba fracasando. Por el contrario, otros insistían en que la industria automotriz estadounidense no era ineficiente de manera irremediable, sino que tenía muchos activos fuertes. Por tanto, un rescate temporal podía salvar empleos y darle tiempo al sector para reinventarse.

Finalmente, el presidente Obama, aconsejado por el economista Larry Summers (nacido en 1954), acordó ofrecer un rescate a la industria automotriz estadounidense por 78,2 mil millones de dólares. Tras evaluar los pros y contras, Summers concluyó que permitir que las empresas cerraran causaría un número significativo de pérdidas de empleo e incluso agravaría la recesión. Este economista también creyó que existía la posibilidad de que estas compañías de automóviles utilizaran el rescate de manera positiva para mejorar su productividad y eficiencia. Contra todas las expectativas, la industria automotriz estadounidense se recuperó con la fuerza suficiente, y las empresas lograron pagar 58 mil millones de dólares de los subsidios iniciales. Hubo un coste neto para el gobierno, pero debía compensarse con la necesidad de preservar empleos y el coste económico de permitir que estas compañías fracasaran. De hecho, se puede argumentar que el problema no era el rescate, sino sus generosos términos. En un principio, el economista Alan Krueger (1960-2019) se mostró escéptico frente a la inyección de dinero público en la industria automotriz, en parte porque los intentos previos de reestructuración habían fallado. Más adelante admitió que la medida había sido más exitosa de lo que él había anticipado y sugirió que los economistas debían ser menos dogmáticos en su oposición a los rescates.

Ahora consideremos el salvamento gubernamental para las entidades financieras. En 2008, el banco de inversiones estadounidense Lehman Brothers se encontraba en un estado de insolvencia. De manera un tanto inesperada, las autoridades estadounidenses no intervinieron, sino que dejaron que quebrara. Esto causó pánico en todo el mundo. De pronto, las personas perdieron la confianza en el sistema bancario y muchos bancos comerciales comenzaron a tener problemas. En el Reino Unido, los ciudadanos hacían fila en bancos como Northern Rock para retirar sus ahorros, ya que temían que la entidad entrara en quiebra. El problema es que los bancos no guardan los depósitos suficientes en efectivo, sino que los prestan. El sistema bancario solo funciona mientras las personas confíen en que no perderán sus ahorros. Los gobiernos y los bancos centrales se vieron obligados a intervenir para respaldar a las entidades que necesitaban efectivo. El Reino Unido y Estados Unidos rescataron a importantes bancos y les ofrecieron apoyo financiero. Esta clase de pánico bancario no se había visto desde la Gran Depresión, en la década de 1930. En ese momento, no hubo intervención estatal, y, cuando los bancos se volvieron insolventes, quebraron y las personas perdieron sus ahorros. En Estados Unidos, cerraron quinientos bancos de mediana envergadura entre los años 1929 y 1932. Esta serie de cierres bancarios condujo a una caída dramática en la oferta de dinero, a una pérdida de confianza y a un declive en el gasto y la inversión. El resultado fue la peor depresión que se recuerde. Esta correlación entre quiebres bancarios y la Gran Depresión significa que existe un argumento sólido para rescatar bancos; de otra manera, la crisis podría volverse incluso peor.

El problema para los gobiernos es que los votantes se preguntan, de manera lógica, lo siguiente: ¿Por qué los bancos que fracasan merecen un rescate y las empresas manufactureras comunes no lo merecen? Una de las ironías trágicas de la crisis crediticia de 2007-2008 es que los principales rescates se destinaron a los bancos que habían corrido riesgos y que eran los responsables de la mayoría de los problemas económicos. Por tanto, muchas empresas comunes podían considerarse legítimamente víctimas inocentes del comportamiento imprudente del sector bancario.

También existe otro problema a la hora de salvar bancos: el riesgo moral. Esto quiere decir que cuando se garantiza su rescate, los banqueros puede cambiar su comportamiento y verse alentados a arriesgarse más. Si las operaciones arriesgadas resultan exitosas, el banco obtiene más ganancias; pero, si fracasan y el banco pierde dinero, el contribuyente rescatará al banco. Es un caso de si sale cara, ganamos nosotros; si sale cruz, alguien más pierde. El riesgo moral implica que algunos economistas dirán que debemos dejar que los bancos de inversión quiebren. Pero después del impacto de Lehman Brothers, solo un político valiente dejaría que los bancos se fueran a la bancarrota: sin importar cuán desagradable sea, la alternativa a la pérdida de confianza en el sistema bancario es aún peor.

Hasta cierto punto, es posible sortear este dilema: los gobiernos deberían forzar a los bancos a hacer una división entre las cuentas de depósito ordinarias y las inversiones bancarias más peligrosas. De esa manera, el gobierno solo necesitaría rescatar y proteger los ahorros familiares y no los préstamos arriesgados ni las operaciones bancarias de inversión.

En resumen, el rescate gubernamental está justificado en determinadas circunstancias, en especial si la empresa enfrenta dificultades financieras durante una crisis temporal. Pero, para las industrias que se encuentran en declive a largo plazo, los rescates gubernamentales en general fallan a la hora de solucionar los problemas subyacentes y solo retrasan lo inevitable. En lugar de apoyar a empresas insolventes, se aconseja que el gobierno intente ayudar a los recientemente desempleados a obtener nuevos puesto de trabajo más productivos.

## RECESIONES

Una recesión es un periodo de crecimiento económico negativo y alto desempleo. Una de las definiciones la caracteriza como la presencia de dos trimestres consecutivos (seis meses) de crecimiento negativo del PIB. Las recesiones ocasionan varios costes económicos. En primer lugar, la economía produce menos que antes, de modo que los ingresos medios caen. Si todos experimentaran una caída del 2 %, no sería tan problemático, pero las recesiones tienden a provocar un efecto desigual. Su mayor problema es el incremento de la tasa de desempleo. Con la caída de la demanda, algunas empresas cierran o despiden trabajadores. Las supervivientes se muestran más reticentes a contratar. Los desempleados deberán tolerar no solo los costes personales de perder su profesión y su prestigio personal, sino también los costes económicos de dejar de tener ingresos asegurados. Una recesión profunda tendrá muchos efectos colaterales, lo que empeorará la situación inicial y aumentará los obstáculos para sobrepasarla. Por ejemplo, si los propietarios pierden sus empleos, tendrán dificultades para pagar la hipoteca y quizá pierdan su hogar. Aquellos que temen quedarse sin empleo retrasarán sus planes de comprar una vivienda nueva y, como consecuencia, los precios de estas se desplomarán y habrá mayores pérdidas en la riqueza y en la confianza. Durante la recesión de 2007-2009, la caída en los precios de los inmuebles fue tan severa que las pérdidas bancarias comenzaron a aumentar porque las viviendas que embargaban valían menos que la hipoteca inicial. Esta situación ocasionó que los bancos redujeran los préstamos, lo que llevó a una menor inversión.

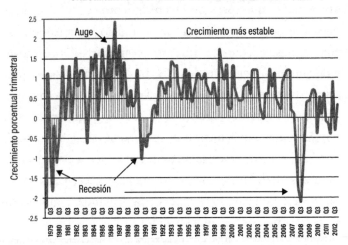

Una recesión, combinada con un alto desempleo, también causará una pérdida de confianza. Incluso aquellos que todavía conservan su empleo temen perderlo, de manera que las recesiones tienden a ocasionar que las personas recorten sus gastos y aumenten su ahorro. En circunstancias normales, un alza en los ahorros podría ser beneficiosa, pero en una recesión, la respuesta de ahorrar más y gastar menos puede, de manera irónica, empeorar la crisis y causar una caída importante en el gasto de los consumidores. Esta es la paradoja del ahorro, como la describía Keynes (véase p. 39).

Mientras que los ahorros personales por lo general aumentan en una recesión, la posición presupuestaria del gobierno se deteriora. Como los ingresos caen, las arcas públicas recibirán menos ingresos fiscales como resultado de un recorte en los impuestos sobre la renta, el gasto y las sociedades. Al mismo tiempo, el gobierno sufrirá un aumento en las demandas de prestaciones por desempleo y otros beneficios en función de los bajos ingresos. Por lo general, si el gobierno no cambia ninguna tasa impositiva, su endeudamiento se disparará en una recesión. Esto le presenta un dilema. Un endeudamiento más alto incrementará la deuda del sector público, por lo que el gobierno puede verse tentado a aumentar los impuestos y/o recortar el gasto para reducir el nivel de deuda. Pero intentar rebajar el déficit durante una recesión probablemente termine empeorándola. En 1931, para intentar equilibrar el presupuesto, el gobierno del Reino Unido aumentó los impuestos y cesó la concesión de prestaciones de desempleo, lo que empeoró el impacto de la Gran Depresión, debido a que tenía menos dinero para gastar. Tras la Gran Recesión de 2007-2009, se incentivó a muchos países europeos a perseguir la «austeridad»: principalmente recortar gastos para reducir el déficit presupuestario. Pero esta medida fue criticada por postergar la recuperación económica y, en muchos casos, demostró ser contraproducente. La crisis, más profunda, prolongó la caída de los ingresos fiscales normales.

La respuesta keynesiana a una recesión es que el gobierno haga lo opuesto y se endeude de manera activa (véase p. 62). Los keynesianos alegan que no deberíamos preocuparnos por la deuda pública en una recesión, sino que, por el contrario, se debería aumentar el gasto de manera activa para estimular la demanda e incrementar la actividad económica. Esto se debe a que el ahorro del sector privado aumenta, lo que significa que también habrá una subida importante en la deuda no utilizada del sector privado. De modo que, en cierta manera, el gobierno está recurriendo a esta capacidad no utilizada y ahorros no utilizados. Más aún, si un mayor gasto público efectivamente aumenta el crecimiento económico, entonces esto ayudará a incrementar los ingresos fiscales y disminuirá el déficit presupuestario con crecimiento económico.

Sin embargo, los economistas del ciclo económico real sostienen otro punto de vista. Argumentan que la perspectiva keynesiana sobre la demanda no es la apropiada e insisten en que las recesiones son parte del ciclo económico normal, ya que reflejan las tasas variables del crecimiento de la productividad. De manera que, en una recesión, es mejor permitir que la economía se recupere por sí misma. La intervención gubernamental por lo general no es la adecuada y exacerbaría el problema en lugar de resolverlo. Por ejemplo, un mayor gasto público durante una recesión sería un desperdicio porque es difícil encontrar proyectos de infraestructura que sean rentables y, por lo tanto, se pueden convertir en «elefantes blancos», es decir, que el coste de crearlos o mantenerlos sea más alto que los beneficios que se obtengan de ellos. En segundo lugar, puede resultar difícil reducir el mayor gasto público cuando termina la recesión. Por ejemplo, el gobierno estadounidense incrementó los subsidios a los agricultores que sufrían dificultades durante la Gran Depresión de la década de 1930. No obstante, cuando la economía mejoró, hubo una gran presión política para mantener esas ayudas, que no han dejado de aumentar y que cuestan a los contribuyentes cantidades significativas incluso noventa años más tarde. Los críticos del keynesianismo también alegan que es difícil para el gobierno saber cómo y cuándo intervenir. En el momento en que las estadísticas oficiales indican una recesión, puede ser ya muy tarde para intentar prevenirla. La política gubernamental funciona con retrasos, de manera que, si el gobierno aumenta el gasto, la economía puede ya haberse recuperado cuando se noten los efectos de esa medida, y el gasto público simplemente se desplazará al sector privado. Este desplazamiento significa que el mayor gasto público compensa la inversión y el gasto del sector privado, de manera que, en términos generales, no hay un mayor crecimiento económico.

Indudablemente, resulta difícil ajustar la economía. Aun así, la mayoría de los economistas realmente creen en la necesidad de permitir un mayor endeudamiento público durante una recesión debido a la caída del gasto del sector privado. En febrero de 2009, el gobierno estadounidense anunció un paquete de estímulos que implicaba una mayor inversión pública en infraestructuras, salud, educación y asistencia de desempleo. Algunos keynesianos, como Paul Krugman, criticaron la medida por considerarla insuficiente y argumentaron que el país debería haberse endeudado aún más. Pero, a partir del 2010, la economía estadounidense se recuperó a un ritmo más rápido que el de la eurozona, donde había muy poco o ningún estímulo fiscal y por lo general se seguían políticas de austeridad. La dificultad para el gobierno reside en que un aumento inmediato de la deuda pública puede parecer «imprudente» o «insostenible». Los economistas tienden a ser más optimistas porque ven el mayor endeudamiento público en el contexto de un mayor ahorro del sector privado. Pero para los representantes de los ciudadanos, unos niveles récord de deuda pública pueden convertirse en una debilidad política, y hace arriesgado emprender una expansión fiscal masiva para contrarrestar una recesión.

Afortunadamente, los gobiernos también obtienen ayuda de la política monetaria —por lo general implementada por los bancos centrales—. Por ejemplo, durante la Gran Recesión de 2007-2009, se redujeron los tipos de interés a casi cero. Se esperaba que bajándolos se fomentara la inversión y el gasto de los consumidores, porque resultaba más barato pedir prestado. Sin embargo, la falta de confianza y el bajo nivel de préstamos bancarios provocó que el beneficio buscado no se materializara. Por tanto, los bancos centrales tomaron la medida inusual de imprimir dinero —creándolo de manera electrónica— para intentar aumentar la demanda en la economía. A esta política se la conoció como expansión cuantitativa (QE, por sus siglas en inglés). El problema con la QE fue la manera en que se implementó. Bajo la QE, el banco central creaba moneda para comprar bonos públicos, pero esta medida tendía a beneficiar a las grandes instituciones financieras, como los bancos comerciales, quienes aumentaron sus reservas de dinero en efectivo. De este modo, ese dinero extra se destinó principalmente a los bancos y no alcanzó a las personas comunes.

No todos consideran que la recesión sea algo tan malo. Se suele criticar a las ciencias económicas por hacer mucho hincapié en el PIB: una producción mayor no siempre aumenta el bienestar social y económico, ya que un mayor consumo tiene como consecuencia una mayor contaminación, aglomeración y daño al medioambiente. Durante una recesión, los niveles de polución y explotación de la naturaleza tienden a decrecer. Por lo tanto, resulta acertado preguntarse si las sociedades deberían poner tanto énfasis en el PIB y en maximizar los ingresos. Sin embargo, estas cuestiones requieren una planificación cuidadosa a largo plazo; una caída temporal en la contaminación no es suficiente. El asunto principal sobre la recesión es que puede causar costes personales importantes para aquellos que pierden el empleo o cuyos ingresos ya no son suficientes. La política ideal sería evitar los vaivenes excesivos en el ciclo económico: esquivar periodos de crecimiento económico vertiginoso y también eludir dolorosas contracciones en el PIB.

## SALUD O ECONOMÍA: ¿SE PUEDE ELEGIR?

Con una enfermedad tan contagiosa como el covid-19, los casos aumentan de manera exponencial. Por lo tanto, para reducir el contagio, el gobierno necesita imponer restricciones a la actividad económica, como limitar la cantidad de clientes en las tiendas, restringir los viajes e incluso cerrar determinados negocios como restaurantes, bares y gimnasios. Imponer estas restricciones ocasiona costes económicos (menor producción, mayor desempleo), pero también representa una mejora en nuestra salud: tasas menores de contagio, menos ingresos en los hospitales y menos muertes. Por lo tanto, al menos a corto plazo, parecería que el gobierno tiene que elegir entre la sanidad y la economía. Si se imponen restricciones, los parámetros de salud mejoran, pero la economía empeora. Si se evitan, la economía no sufre, pero el coste sanitario será mayor. Es una elección problemática.

Además, las restricciones económicas pueden en sí mismas incurrir en futuros costes sanitarios. Un mayor desempleo está asociado a un mayor estrés y problemas de salud. Si se desplaza a más personas a la pobreza, eso también conduce a enfermedades incluso peores a largo plazo. En Estados Unidos, los trabajadores pueden perder sus seguros médicos y se les hará imposible costearse los tratamientos. Y aun cuando se mantengan estos seguros, existe una conexión muy fuerte entre una mayor pobreza y peores indicadores de salud, como la diabetes, enfermedades cardíacas y una expectativa de vida más baja.

Las restricciones económicas también conducen a tasas de crecimiento económico significativamente más bajas, lo que se traducirá en una recaudación fiscal menor. El gobierno tendrá una caída en los ingresos de los impuestos sobre la renta, las sociedades y las ventas; y, al mismo tiempo, deberá invertir más dinero en prestaciones de desempleo. Esta presión sobre las finanzas limitará la capacidad del gobierno a la hora de invertir en salud y mantener los servicios necesarios no solo para lidiar con el covid, sino para atender cuestiones sanitarias no relacionadas con esa enfermedad. Algunas personas argumentan que necesitamos mantener la economía abierta para poder costear los gastos crecientes de la atención médica.

Sin embargo, esta disyuntiva entre los resultados en el ámbito de la salud y los resultados en la economía no es tan clara. En primer lugar, si aumentan los casos y las personas se sienten inseguras en determinados entornos, la actividad económica caerá sin importar las restricciones gubernamentales. En efecto, en el Reino Unido, incluso antes del primer confinamiento en marzo de 2020, hubo informes de cancelaciones masivas de reservas de restaurantes y ventas de entradas de espectáculos, por ejemplo. Claramente, cuando los números de casos exceden una tasa determinada, y los consumidores sienten que existe un riesgo al ir a bares, clubes y restaurantes, entonces cambiarán su comportamiento en consecuencia y la demanda de esos lugares decrecerá. Sin duda, algunos clientes mantendrán su comportamiento y seguirán asistiendo, pero otros más temerosos de los riesgos o que tengan enfermedades preexistentes decidirán quedarse en casa y evitar los viajes y entornos sociales. La mejor manera de hacer que la economía regrese a la actividad normal es reducir el virus a un nivel en el que las personas sientan que es seguro regresar a sus vidas normales.

A principios del 2020, Suecia fue uno de los pocos países que no impuso restricciones de confinamiento. Se aconsejaba mantener distancia social, pero había solo unas pocas reglas gubernamentales sobre detener el comportamiento económico normal. Como resultado, a causa del coronavirus, Suecia tuvo una tasa de mortalidad tres veces más alta que la de sus vecinos nórdicos y, paradójicamente, no experimentó un registro favorable evidente en el crecimiento económico. En el segundo trimestre del 2020, el PIB sueco cayó un 8,3 %, un índice menor que países severamente afectados como España e Italia, pero aun así peor que el de sus vecinos nórdicos, que implementaron restricciones más estrictas. Una caída de 8,3 % demuestra que, incluso en ausencia de restricciones formales, el impacto del virus aún puede ser negativo para el crecimiento económico.

Sin embargo, la otra cuestión que aflora al permitir que la economía siga abierta es que retrasa los costes económicos para el futuro. Ya que el covid-19 es muy contagioso, el virus crecerá a una tasa exponencial. Esto significa que existe un fuerte argumento a favor de implementar restricciones tempranas para reducir la necesidad de otras más duraderas y estrictas más adelante. En el otro extremo, Nueva Zelanda impuso un confinamiento muy duro cuando el coronavirus aún se encontraba en un nivel muy bajo; el objetivo era seguir la estrategia de covid cero para realmente expulsarlo por completo. Durante cuatro semanas, la economía se vio restringida severamente en un confinamiento estricto que hizo que los números de casos cayeran hasta ser casi inexistentes. Y, cuando se alcanzaron los cero casos, la actividad económica se reactivó en su totalidad. Algunos meses más tarde, el virus regresó y nuevamente se instauró el confinamiento para poder eliminarlo. Esta restricción tan temprana y severa permitió que la economía reabriera por completo, aunque seguiría sin permitirse la entrada de turistas extranjeros.

Por el contrario, las economías que buscaron mantenerse abiertas durante tanto tiempo como fuera posible experimentaron un rápido aumento en el número de contagios. A mayor cantidad de casos, más difícil resulta detener el crecimiento exponencial y hacer que regrese a niveles controlables. Puede que los gobiernos deseen evitar cualquier clase de confinamiento, pero si los contagios alcanzan una determinada cuota, los hospitales se desbordan. Esta grave crisis sanitaria pone entonces la presión sobre el gobierno para que actúe e imponga restricciones, aunque de manera tardía. Para ese momento, los casos diarios pueden estar en decenas de miles, de modo que se vuelve mucho más complicado bajar los números a un nivel controlable. Por ejemplo, el Reino Unido impuso restricciones relativamente tarde, en marzo de 2020, y luego tuvo que implementar un confinamiento más duradero que el de otros países que actuaron con más celeridad. Por tanto, una imposición tardía de restricciones deberá ser más estricta y también más duradera.

Definitivamente, al principio existe un dilema a la hora de imponer restricciones más severas que mejoren la salud pero causen una caída en la actividad económica. Pero si se ignora el corto plazo, la estrategia económica óptima y duradera es implementar las restricciones de manera temprana en lugar de más tarde.

El economista Simon Wren-Lewis (nacido en 1953) observó que el conflicto entre la salud y la economía es similar al antiguo dilema del desempleo y la inflación. A corto plazo, un gobierno siempre puede reducir el desempleo incrementando la oferta de dinero, lo que conduce a un aumento en la demanda en la economía y a una caída del desempleo. Sin embargo, es probable que esta caída del desempleo a corto plazo no dure mucho tiempo, ya que una inflación más elevada significa que la producción real no ha cambiado. El desempleo regresa a su tasa natural, pero la inflación ha aumentado. La caída temporal en el desempleo es una ilusión; y el conflicto empeora a largo plazo.

El gobierno lograría algo similar con respecto al covid-19; al eliminar todas las restricciones sociales, la economía mejorará, pero el coste es que los contagios aumenten. A medida que el virus crece exponencialmente, las personas reducirán la actividad económica de manera voluntaria y llegará el momento en el que el gobierno tenga la necesidad de restaurar las restricciones para evitar que los hospitales se desborden. Por tanto, una vez más la economía reduce su tamaño y el desempleo vuelve a subir, pero ahora el conflicto empeora para el gobierno; la economía sigue en un estado depresivo, pero también existe un número mayor de contagios.

Por supuesto que existen muchos factores que afectan a la salud y la producción económica. Por ejemplo, el éxito de los testeos, el rastreo y el aislamiento de las personas contagiadas son quizá aspectos más importantes que las medidas restrictivas, incluido el uso de mascarillas. Asimismo, las restricciones a largo plazo pueden conducir a un cambio en la estructura de la economía. Por ejemplo, la apertura tardía de bares puede conducir a que algunos sectores sufran un alto desempleo estructural. (A largo plazo, sin embargo, pueden crearse nuevos empleos en estos nuevos sectores de distanciamiento social).

Algunas personas argumentan que el beneficio de no contar con restricciones es que, en algún momento, la sociedad desarrollará inmunidad colectiva. Una vez logrado esto, no habrá conflicto: tanto la salud como la economía pueden volver a la normalidad. Sin embargo, esto impone costes graves. Incluso con una tasa de letalidad del 1 %, eso podría significar 3,28 millones de muertes solo en Estados Unidos, además de todos los otros costes a largo plazo para los supervivientes. Además, los científicos albergan grandes sospechas acerca de si la inmunidad colectiva en efecto se puede alcanzar, ya que se han reportado casos de reinfección. Los gobiernos se enfrentan a decisiones difíciles, pero en términos económicos resulta esencial pensar en una estrategia con visión de futuro y no simplemente preocuparse por las consecuencias más evidentes a corto plazo.

# 3

# Lo que realmente debes saber sobre...

## DIVISIÓN DEL TRABAJO

La división del trabajo ha sido una característica de la sociedad desde que la humanidad evolucionó de ser cazadora-recolectora a vivir en ciudades. Es un concepto al que se refirieron filósofos e historiadores desde Platón y Jenofonte hasta Ibn Jaldún. Jenofonte observó cómo los productos y servicios de las grandes urbes eran en general superiores en calidad a aquellos provenientes de áreas rurales, ya que las primeras le permitían al trabajador volverse altamente especializado, mientras que los residentes en las áreas rurales con frecuencia debían realizar muchas tareas diversas. El fenómeno de «hombre de muchos oficios, maestro de ninguno» es lo que la división del trabajo intenta evitar. Conviértete en especialista y realizarás tu trabajo con mucho más éxito.

No obstante, fue el proceso de industrialización lo que llevó a la división del trabajo a otro nivel. Gracias a las fábricas modernas y a la creación de nuevas máquinas, los dueños de las compañías se dieron cuenta de que podían incrementar significativamente la eficiencia de la producción si asignaban a los trabajadores tareas muy específicas. Los beneficios de la división del trabajo eran que los operarios necesitaban poca capacitación, dominaban rápidamente su tarea y utilizaban de manera eficaz una máquina específica.

El famoso ejemplo de la división del trabajo fue registrado por Adam Smith en *La riqueza de las naciones* (1776), donde observó que una fábrica de alfileres estaba diseñada con una notable división del trabajo: los empleados estaban asignados a aspectos muy concretos de la fabricación del alfiler. Un operario podía estar a cargo solo de extender el alambre, otro lo cortaba y un tercero preparaba la parte superior para encastrar la cabeza del alfiler. Para Smith, eso era revolucionario. Anteriormente, la división del trabajo de una persona habría consistido en fabricar alfileres en lugar de ser agricultor. En ese periodo, el trabajador hubiera pasado por todas las etapas requeridas de manera lenta y constante y, al final del día, con suerte habría completado un número determinado de alfileres. Pero con este nuevo proceso mecanizado, la producción aumentaba de manera exponencial. Smith calculó que, gracias a la división del trabajo, diez trabajadores podían fabricar 48.000 alfileres al día. Si se les hubiera asignado fabricar un alfiler completo por sí mismos, se preguntaba si habrían logrado construir uno solo al día.

En el mundo actual de alta tecnología, la división del trabajo solo ha ido en aumento. Si a un operario le asignaran la tarea de fabricar un teléfono móvil, eso sería imposible. Ni siquiera después de toda una vida: nadie sería capaz de manufacturar y diseñar todos los aspectos necesarios para crear un móvil. Para fabricar un dispositivo así se requieren tantos pasos, componentes y tareas especializadas que muchos miles de personas se encuentran directa o indirectamente involucradas en la fabricación de tan solo un dispositivo.

Un aspecto que aceleró el proceso de la división del trabajo fue la nueva era del consumo masivo. Es posible que diez trabajadores produzcan eficientemente 48.000 alfileres al día, pero tal eficiencia sería malgastada si no existiera una demanda de una cantidad tan alta. Antes de la era industrial, la necesidad de productos como alfileres era relativamente baja, y, a medida que la demanda creció y las factorías tuvieron que producir más, los empresarios se vieron obligados a encontrar formas más eficientes de fabricar en grandes cantidades. Este proceso no es unidireccional: se podría argumentar que la división del trabajo y la producción en masa han creado por sí mismas una mayor demanda de productos de consumo, que ahora son más baratos que antes.

Una consecuencia importante de la división del trabajo es que conduce a considerables economías de escala. Esto significa que, a medida que aumenta la producción, el coste medio se reduce. Producir diez alfileres implicaría un coste por unidad alto, pero incrementar la producción a 48.000 alfileres haría que este se redujera de manera drástica. Si los trabajadores están muy especializados, las fábricas producen más; y, cuanto más produzcan, menor será el coste medio.

Un buen ejemplo es el desarrollo del automóvil. En las primeras etapas de la industria automotriz, un equipo de trabajadores trabajaba en conjunto para fabricar un coche. Reunían todos los materiales y, literalmente, lo construían en el mismo sitio. Como resultado, los primeros automóviles eran costosos y un privilegio asequible solo para los más pudientes. El industrial Henry Ford vio la oportunidad de optimizar la producción y desarrolló una cadena de montaje: un automóvil comenzaba en un punto y luego su construcción progresaba en la fábrica, se movía entre trabajadores que realizaban tareas muy específicas, como añadir ruedas, pintar el chasis o colocar el volante. Los operarios ya no debían estar tan capacitados en todos los aspectos de la fabricación de un automóvil y podían, por ejemplo, remachar todo el día. Y eso aumentó drásticamente la eficiencia de la producción. En lugar de fabricar un pequeño número de automóviles por semana, las nuevas factorías de Ford producían en masa grandes cantidades de automóviles todos los días. A medida que la producción automotriz creció de manera exponencial, el coste medio cayó. Muy pronto el precio del Ford T se encontró al alcance del poder adquisitivo de los operarios que lo fabricaban. Esto fue revolucionario: el automóvil pasó de ser un privilegio para ricos a estar al alcance del trabajador medio de Estados Unidos. La división del trabajo y las resultantes economías de escala estaban contribuyendo a inaugurar una nueva era del consumo masivo.

Dividir el trabajo es una poderosa estrategia para que las empresas reduzcan sus costes medios e incrementen su rentabilidad, pero también cuenta con detractores. En primer lugar, su expansión implicó la caída de pequeñas empresas artesanales, que fueron reemplazadas por grandes y rígidas compañías. La división del trabajo crea una fuerte presión para que las factorías incrementen su tamaño, lo que elimina a los talleres más pequeños, y esto puede conducir a que grandes monopolios dominen la industria. Un segundo problema es que las tareas pueden volverse tediosas. Diseñar un sistema en el que se realizan labores repetitivas durante ocho o diez horas implica que para esos trabajadores existe muy poco —o casi ningún— nivel de satisfacción laboral, por lo que la jornada les resulta aburrida. El trabajo no es un bien como el capital; los trabajadores tienen emociones y necesidades que van más allá de la eficiencia económica. Karl Marx alegaba que la división del trabajo y la naturaleza de la empresa capitalista llevarían a la alienación, y los obreros se rebelarían no solo frente a los salarios bajos, sino también frente al hastío. Henry Ford intentó ofrecer sueldos muy altos para compensar la naturaleza del trabajo en la cadena de montaje. Aun así, incluso pagando mucho, su empresa sufrió una gran rotación laboral, ya que algunos trabajadores no podían soportar el aburrimiento de la cadena de montaje.

Sin embargo, con el avance de la tecnología, cada vez más de estos empleos repetitivos han sido reemplazados por máquinas. La esperanza es que en el futuro la división del trabajo ofrezca la posibilidad de desempeñar funciones más interesantes y desafiantes, como el diseño o los empleos dedicados al servicio, o bien trabajar de manera independiente. En un mundo ideal, la división del trabajo implicaría dar a los seres humanos los puestos interesantes y a los robots las faenas tediosas. El trabajo realmente consistirá en la programación de máquinas o la interacción humana. Es posible que los empleados que actualmente se encuentran atrapados en los almacenes de Amazon o centros de atención al cliente no reconozcan esta visión idealizada de la división del trabajo. Pero más allá de sus desventajas, esta ha contribuido a un crecimiento muy significativo en los estándares de vida y a mayores oportunidades para la mayoría de la población.

Otro aspecto de dividir el trabajo es que estamos presenciando, de manera creciente, que se trata de un fenómeno global. Con la tecnología moderna, las labores pueden repartirse cada vez más por ubicación geográfica. Los países de costes laborales bajos se encargan con mayor frecuencia de actividades que resultan más intensivas, lo que permite que las economías desarrolladas se centren en tareas más tecnológicas y especializadas. Por ejemplo, muchos bancos han subcontratado sus centros de atención al cliente a países como la India, que cuenta con una gran oferta de mano de obra de habla inglesa y salarios bajos. Los trabajos fabriles se han mudado de economías más prósperas a economías emergentes en el suroeste de Asia. Un iPhone de Apple se fabrica principalmente en Asia, pero su diseño y propiedad pertenecen a Estados Unidos. Esta división global del trabajo incrementa las ganancias de Apple, pero también provee empleo y contribuye a subir los salarios dentro del mundo en desarrollo.

Una preocupación más importante con respecto a la división global del trabajo es cómo los ciudadanos de Occidente relativamente poco formados están perdiendo sus empleos. Por otro lado, las economías emergentes pueden encontrarse lidiando con mayores niveles de desechos tóxicos, porque los países ricos son capaces de subcontratar la desagradable gestión de los residuos a economías con costes laborales más bajos.

## MATERIAS PRIMAS

La materia prima es el fundamento de cualquier economía. Sin importar cuán avanzada sea una economía, necesitamos una gran variedad de productos primarios para reforzar sus cimientos. Las materias primas incluyen tierras, alimentos, metales, gas, petróleo y madera, cosas que fácilmente podemos dar por sentadas, pero que son esenciales para la economía. La antigua teoría mercantilista dictaba que había una correlación directa entre la cantidad de materia prima de una economía y su riqueza. En una sociedad principalmente agrícola, esto era considerablemente cierto. Los países que contaban con suministros de metales preciosos, alimentos y otros productos básicos tendían a ser más ricos. En el pasado, si las naciones carecían de estos recursos naturales, en general no dudaban en apropiarse de las de otros países. Era una manera cruel pero efectiva de volverse rico.

Sin embargo, a medida que las economías se fueron desarrollando, la importancia de las materias primas decreció. Alemania y Japón son países que tienen unas reservas relativamente limitadas de productos primarios, pero han logrado construir economías muy exitosas importándolos y agregando valor a los bienes manufacturados que luego exportan. Un automóvil puede costar treinta mil euros, pero las materias primas en sí mismas pueden valer menos de quinientos euros; el valor real reside en el diseño y la tecnología.

Por el contrario, existen naciones en las que abundan las materias primas. Algunos países del Oriente Próximo se enriquecieron gracias a sus reservas naturales, pero muchos países —sobre todo en la región del África subsahariana— mantuvieron niveles bajos de PIB per cápita y bajos estándares en la calidad de vida a pesar de contar con amplios recursos. Existe una teoría que indica que descubrir suministros abundantes de materia prima puede ser tanto una condena como una bendición. Se la conoce como la maldición de los recursos o el mal neerlandés. A comienzos de la década de 1960, los Países Bajos descubrieron grandes yacimientos de gas en su territorio. Para aprovechar esa materia prima, se realizaron grandes inversiones para producir y luego vender gas natural. Desde una perspectiva a corto plazo, esta situación impulsó la economía. Aumentaron los ingresos de las exportaciones, los impuestos, el PIB y el tipo de cambio incrementó su valor. A simple vista, la conclusión más evidente es que descubrir más materias primas es beneficioso para la economía. Pero el fenómeno no es tan sencillo.

Debido a que la economía se centró en producir materias primas, el capital y la mano de obra abandonaron otros aspectos de la economía, como la manufactura. Hubo una caída en la inversión, y la industria manufacturera creció a un ritmo mucho más lento. Si no necesitas manufactura y servicios, ese sector se reducirá. Además, el aumento en el tipo de cambio causado por el descubrimiento de materias primas conllevó que otros exportadores tuvieran dificultades para mantener la competitividad. A largo plazo, se dejaron atrás muchos aspectos de la economía neerlandesa porque «el dinero fácil» estaba en la producción de materias primas. Pero el problema reside en que, cuando estas comienzan a escasear, se vuelve difícil regresar hacia otras industrias de manufactura y valor agregado porque durante muchos años no han recibido inversiones.

Otro ejemplo histórico es el de España: ¿Cómo pasó de ser la economía principal del mundo en el siglo XVI a caer en una relativa oscuridad algunos cientos de años más tarde? Una de las razones propuestas es que cayó en una maldición por haberse agenciado grandes cantidades de oro de las Américas. Adueñarse de tantos metales nobles llenó España de opulencia, pero los nuevos ricos crearon menos incentivos para ser laboriosos y eficientes. Mientras el país se beneficiaba de esta nueva «riqueza fácil», las naciones del norte de Europa fomentaban más el desarrollo de la empresa y la industria para crear riqueza en lugar de simplemente acumularla.

Por supuesto, existen otras razones que explican el declive relativo de España, pero en los tiempos modernos ha sido frustrante que países ricos en recursos, en especial los de África, hayan fallado en beneficiarse tanto como podría esperarse. Las razones de esto son diversas. En primer lugar, hay un elemento del mal neerlandés: producir materias primas puede retrasar el crecimiento de otros aspectos de la economía. Además, la existencia de materias preciosas, como diamantes y oro, pueden generar dinámicas que fomenten conflictos bélicos. Por ejemplo, la guerra civil de Angola se debe, al menos en parte, a una disputa por las minas de diamantes.

Otro factor a considerar sobre los recursos naturales es cómo se reparte la riqueza del país. La naturaleza de las minas de diamantes y de oro hace su distribución sea muy desigual. Muchas de las minas de diamantes pertenecen a empresas que poseen un gran poder (por ejemplo, el monopolio De Beers) y los yacimientos petrolíferos pueden estar bajo el control de multinacionales extranjeras. Por tanto, la mayor parte de las ganancias se quedan en manos de un número pequeño de propietarios, que tal vez ni siquiera viven en el país en cuestión.

Vale la pena señalar que, cuando una multinacional extranjera invierte en una economía en vías de desarrollo para construir pozos petrolíferos, eso provee inversión entrante y nuevos empleos. No obstante, la multinacional puede decidir traer mano de obra cualificada para realizar los trabajos más tecnológicos y dejar los empleos relativamente mal remunerados y que requieren baja formación para los nativos. En segundo lugar, una gran parte de las ganancias suele repatriarse al país de origen de la empresa, lo que solo deja una cantidad limitada de impuestos corporativos para que se destinen a proyectos sociales. La corrupción también es un problema importante, ya que mucha de la riqueza proveniente de las materias primas termina en manos de algunos pocos poderosos. Al mismo tiempo, la economía en vías de desarrollo suele verse obligada a afrontar el coste medioambiental de la extracción de materias primas.

A pesar de todas esas limitaciones, es importante tener en cuenta que no existe razón por la cual el descubrimiento de materias primas no pueda incrementar el bienestar económico. En los países de Oriente Próximo que han extraído crudo durante muchas décadas, los ingresos petroleros han producido incrementos significativos en el PIB per cápita. La riqueza también le permite a una economía financiar la inversión en diversificación. Cuando Noruega descubrió grandes reservas petroleras, empleó grandes sumas en un fondo soberano de inversión, que a partir de mayo de 2018 tuvo un valor aproximado de 183.000 euros por habitante. Esa fue una decisión consciente que permitió distribuir los beneficios de las materias primas entre todos los ciudadanos y también pensar en los futuros contribuyentes.

Otra pregunta interesante que podemos hacernos sobre las materias primas es la siguiente: ¿Qué sucede cuando se agotan? ¿Causarán escasez o el libre mercado se encargará de la situación?

Los recursos no renovables, como el petróleo, son finitos. Llegará un momento en que se agoten; y con frecuencia se han realizado predicciones de cuándo sucederá eso, teniendo en cuenta las tasas actuales de consumo. Algunos argumentan que, cuando el suministro de petróleo no logre cubrir la demanda, se producirá un dramático punto de inflexión que conducirá a serios problemas para la economía mundial. Sin embargo, no es probable que el efecto de esta situación sea advertido a corto plazo. Si las reservas petrolíferas disminuyen y se dificulta satisfacer la demanda, su precio aumentará. Esta variación de precio actúa como una señal tanto para productores como consumidores. A medida que se incrementa el precio, incentiva a las empresas a intensificar la producción. Por ejemplo, cuando el petróleo estaba a muy bajo precio en la década de 1960, la mayoría de la producción provenía del Oriente Próximo, donde resulta muy barato extraerlo. No obstante, a medida que suben los precios, se ha vuelto más rentable extraer crudo de lugares más inaccesibles, como Siberia y Alaska. Por lo general, se ha subestimado la cantidad de reservas petrolíferas globales; en cuanto se elevan un poco los precios, las empresas descubren con éxito más recursos para extraer.

El alza de precios también afecta a los consumidores. Crea incentivos para recurrir a alternativas al petróleo. Esto puede abarcar automóviles que utilizan combustible de manera más eficiente, o que utilicen formas alternativas de energía, como los que funcionan con electricidad en vez de gasolina. Los consumidores no harán estos cambios a corto plazo, pero si la subida de precios se mantiene en el tiempo, la economía gradualmente se adaptará a estos precios más elevados, y habrá un reemplazo gradual del petróleo por otros productos. En el caso de una materia prima global como esta, el mecanismo del mercado suele ajustarse a la escasez de un producto.

El problema no es si el mercado no será capaz de lidiar con la escasez, sino que su mecanismo será muy lento para desalentar un consumo que tenga costes medioambientales. La extracción y utilización de materias primas provoca impactos en la naturaleza. Las minas pueden alterar el paisaje y uno de los efectos colaterales es la contaminación. El mayor problema lo ocasiona la quema de combustibles fósiles, como el petróleo, el carbón y el gas. Los científicos ambientales sostienen que esto contribuye tanto a elevar los niveles de contaminación como a empeorar el calentamiento global. A su vez, argumentan que los costes medioambientales conducen a serios problemas económicos y sociales, y por esa razón deberíamos limitar el consumo de ciertas materias primas.

## PREVISIÓN ECONÓMICA

En los círculos económicos existe un chiste muy conocido: «¿Por qué Dios creó a los pronosticadores económicos? Para hacer que los meteorólogos queden bien». En realidad, en las últimas décadas, los superordenadores han logrado que las previsiones del clima sean bastante precisas. Sin embargo, estos mismos superordenadores no logran que los pronósticos económicos parezcan más fiables.

En términos generales, los mejores economistas son muy cautelosos a la hora de realizar previsiones a largo plazo porque resulta muy difícil hacerlo con algún grado de certeza. Para ellos, es un tormento ser juzgados por la calidad de sus predicciones, por lo que a menudo argumentan que toda previsión es una pérdida de tiempo que no vale la pena intentar. Pero cuando los economistas sí se arriesgan, pueden quedar expuestos. Por ejemplo, justo antes del crac de Wall Street de 1929, el economista estadounidense Irving Fisher (1867-1947) afirmó en el periódico *The New York Times* que la bolsa de valores había alcanzado una «alta meseta permanente». El momento no podría haber sido peor: los precios de las acciones pronto se derrumbaron, lo que afectó su reputación sin remedio. Su predicción se convirtió en una soga alrededor del cuello y eclipsó sus otros trabajos sobre la deflación de deuda y la política monetaria. Su perspectiva sobre la Gran Depresión fue ignorada, y la figura John Maynard Keynes ganó protagonismo. A Keynes se lo recuerda, con toda razón, como un gran economista. Realizó algunas predicciones notables, como los costes que pagaría Gran Bretaña por volver a adoptar el patrón oro en 1925. Pero a pesar de toda su brillante capacidad económica, Keynes era tan falible como Fisher cuando se trataba de predicciones. Algunos alegan que ganó tres fortunas en la bolsa y perdió dos.

¿Por qué las previsiones son tan difíciles? A modo de ejemplo, se encuestó a economistas sobre sus predicciones en relación con la inflación para el año siguiente. La mejor y la más confiable fue la que indicaba que arrojaría el mismo índice que el año anterior. En otras palabras, resulta más exacto utilizar la misma tasa de inflación del último año en lugar de hacer una predicción informada sobre qué sucederá al año siguiente.

En defensa de los economistas, no acudimos al doctor para exigirle un pronóstico sobre nuestra salud para los próximos diez años. No esperamos que el doctor prediga cuándo nos sentiremos mal y qué enfermedad nos afectará. La capacidad del doctor reside en diagnosticar afecciones y prescribir medicamentos. Si llevas una dieta no saludable, el doctor te advertirá que estás aumentando el riesgo de enfermedades cardíacas, pero incluso las personas con una alimentación poco saludable pueden estar sorprendentemente sanas. Los economistas suelen decir que su profesión se encuentra más cerca de la medicina que de la meteorología. Argumentan que observar ciertos comportamientos económicos hace que una recesión sea más probable, pero lo que resulta verdaderamente difícil de predecir es cuándo sucederá. Si una economía crece demasiado rápido, si la tasa de crecimiento económico se encuentra por encima de la media, es razonable prever que esa situación causará inflación y, a su debido tiempo, una recesión. Pero acertar el momento exacto resulta arriesgado. Un economista preferiría concentrarse en aconsejar a los políticos sobre qué medidas tomar cuando llegue el momento, en lugar de intentar predecir cuánto aumentará la inflación y cuándo la economía entrará en recesión.

¿Por qué es tan difícil hacer predicciones? Cuando estudiamos economía, intentamos aislar los factores. Por ejemplo, si observamos el efecto de los tipos de interés, podemos comprender que, *ceteris paribus*, cuanto más elevados son más incrementarán los costes de los préstamos, reducirán los ingresos disponibles y conducirán a un crecimiento económico menor. Esto está ampliamente aceptado y acordado. No obstante, en el mundo real, nunca se puede aislar un solo factor como los tipos de interés. En la economía global, hay miles de cuestiones que influyen en la economía de distintas maneras. Resulta imposible construir un modelo económico que incorpore todos estos diferentes factores. En muchas circunstancias, podemos predecir el efecto de tipos de interés más altos en la economía. Pero, al mismo tiempo que aumentan estos, hay diferentes factores que también pueden entrar en juego y provocar el efecto contrario. Por ejemplo, si por alguna razón la confianza de los consumidores es inusualmente optimista, unos tipos de interés más elevados pueden resultar insuficientes para reducir el gasto de los consumidores. Las economías también se ven influenciadas con facilidad por sucesos inesperados. Nadie, a menos que haya sido capaz de predecir una pandemia global, podría haber anticipado las caídas del 20 % en el PIB que presenciamos en 2020. Esta clase de sucesos hacen que todas las previsiones económicas pierdan valor y sean imposibles de considerar.

Entonces, muy bien, podemos comprender que los economistas no puedan predecir una pandemia global, pero ¿qué sucede con la crisis financiera y económica de 2007-2008? ¿Por qué no vieron venir ese suceso tan importante? En primer lugar, no es completamente cierto que los economistas no anticiparan los problemas. Durante los años que precedieron a la crisis financiera, algunos advertían ya sobre el recalentamiento de los mercados de activos y la desregulación de los mercados financieros. Varios economistas alertaban de que los precios de las viviendas se encontraban sobrevalorados y que se encaminaban a una contracción, aunque esta era la perspectiva de una minoría: Alan Greenspan, el presidente de la Reserva Federal estadounidense, desestimó la burbuja de 2005 como «la simple efervescencia de los mercados inmobiliarios».[2] Es más, nadie predijo el colapso inminente del sistema financiero, y muchos albergaban la esperanza de que los días de gran crecimiento y baja inflación perduraran en el tiempo.

Para ser justos, las predicciones sobre un crecimiento sólido eran comprensibles. En las décadas de 1970 y 1980, la economía global había experimentado vaivenes en la inflación y el crecimiento —ciclos de auge y colapso— y a los gobiernos se les hacía difícil mantener una baja tasa de inflación. Sin embargo, a partir de la década de 1990 hasta 2007, el ciclo económico global parecía estar controlado. La inflación no estaba creciendo, sino que se mantenía relativamente baja. Todo indicaba que la economía había alcanzado un nuevo paradigma con una baja tasa inflacionaria que era sostenible a largo plazo. El problema es que los economistas —quizá de manera razonable— juzgaron la situación desde la perspectiva del pasado reciente y no desde el presente. La mayoría desconocía los peligros ocultos que acechaban en un sector previamente oscuro de la economía. Los problemas se estaban acumulando en el mercado hipotecario estadounidense de alto riesgo, y los préstamos basura se ocultaban y reempaquetaban en seguros de incumplimiento crediticio que se vendían en todo el mundo. Las agencias de calificación crediticia les otorgaban a estos préstamos basura una calificación de triple A porque, o no sabían que eran tóxicos, o lo sabían pero no deseaban perder negocio frente a otras agencias de calificación crediticia.

La cuestión es que, si lees un manual de economía publicado en 2007 o previo a esa fecha, no encontrarás mención alguna a los seguros de incumplimiento crediticio. Estos fueron una invención reciente de los mercados financieros y nunca antes habían afectado a la economía. Pero, en 2007, este nuevo instrumento financiero se convertiría en un factor crítico a la hora de desencadenar el colapso del mercado inmobiliario y del sistema financiero y, por tanto, de la economía. Resulta muy fácil mirar atrás y comprender por qué esto era un desastre que se venía gestando desde hace tiempo, pero la retrospectiva es algo maravilloso. Volviendo a utilizar una analogía médica, vacunarse contra la tuberculosis, la polio y el cólera ofrece protección, pero no garantiza que permanecerás sano. Puedes enfermarte con un virus completamente nuevo.

A pesar de todas las dificultades inherentes a la previsión económica, vale la pena tener en cuenta que las predicciones pueden ser provechosas. Por ejemplo, si una economía abandona un área de libre comercio e impone nuevos aranceles, un economista podría diseñar un modelo que intentara predecir el impacto de esta medida. Los economistas podrían llegar a conclusiones diferentes sobre la magnitud del impacto, pero existiría un acuerdo general de que los aranceles conducirían a un menor crecimiento comercial y económico. La cuestión es cuánta utilidad tendrían estas predicciones. Por ejemplo, si se elevaran los aranceles durante un periodo de gran crecimiento económico, su impacto negativo apenas sería advertido. Por ejemplo, Trump aumentó los aranceles en 2017 y, sin embargo, la economía tuvo un buen desempeño. Si existe un crecimiento económico de 2,3 % en lugar de 2,6 %, la mayoría de las personas no notarán la diferencia. Si la economía se derrumba en una recesión, podríamos culpar a los aranceles, pero seguramente habría otros factores en juego.

## AGRICULTURA Y GANADERÍA

Se podría afirmar que la agricultura es una de las industrias más importantes de la economía. Muchas actividades son indispensables, pero la agricultura global no lo es. Las primeras economías se basaban casi por completo en la producción agrícola. Incluso hasta finales del siglo XIX, el 80 % de los estadounidenses trabajaban en ese sector. Las mejoras en la productividad agrícola han sido esenciales para que las economías se desarrollaran y se diversificaran, lo que permitió ofrecer una inmensa gama de oportunidades que resultaban imposibles cuando se necesitaban muchas más personas para trabajar la tierra. A medida que la agricultura se vuelve más eficiente, permite que los trabajadores abandonen la tierra y obtengan nuevos puestos de trabajo en industrias en expansión, como la manufacturera y la del sector servicios. En muchas economías occidentales, solo un 2 o 3 % de la población trabaja en el sector agrícola, y damos por sentado que no necesitamos cultivar nuestro propio alimento. Muy pocos jóvenes sueñan con convertirse en agricultores.

En comparación con el pasado, las granjas modernas son increíblemente eficientes y pueden producir bienes agrícolas a una escala sin precedentes. Sin embargo, a pesar de estas mejoras considerables, este sector aún es susceptible de experimentar muchos problemas, y los agricultores, por lo general, suelen sentirse olvidados. Mientras otros profesionales experimentan un incremento de ingresos, muchos agricultores sufren dificultades y, en Occidente, dependen en gran medida de subsidios estatales. De muchas maneras, la agricultura es muy distinta de otros sectores, como la industria manufacturera. En primer lugar, a diferencia de aquellos que trabajan en la industria manufacturera, los agricultores deben lidiar con precios volátiles. El suministro de productos agrícolas varía enormemente dependiendo del clima y de factores inesperados como las enfermedades.

Las plantas y los animales no son tan confiables como las máquinas o los ordenadores, y esta variabilidad en el suministro puede conducir a fluctuaciones en los precios y los ingresos.

Una ironía a la que se enfrentan los agricultores es que una «buena» cosecha en realidad puede conducir a una disminución en los ingresos. La demanda de muchos productos agrícolas no es elástica en cuanto al precio. Esto significa que, si el precio de las zanahorias cae un 20 %, solo habrá un aumento marginal de la demanda. Si las zanahorias son más baratas, ¿comerás más? Probablemente no, a menos que seas muy pobre y tengas dificultades para comprar comida. De modo que, si hay una cosecha muy abundante, y el suministro aumenta exponencialmente, esto puede ocasionar una caída significativa en el precio sin que aumente la cantidad vendida, lo que hará que los agricultores experimenten una caída en sus ingresos. Es por ello que un fertilizante nuevo puede ser tanto una bendición como una maldición para los agricultores. Supongamos que una empresa química fabrica un nuevo fertilizante que aumenta la producción un 20 %. Los agricultores se verán obligados a comprarlo (lo que aumenta los costes). Sin embargo, si todos los agricultores obtienen un incremento del 20 % en su producción, los precios caerán y, por consiguiente, también los ingresos. Otro problema al que se enfrentan los agricultores son las situaciones de monopsonio, es decir, los mercados controlados por un solo comprador. Si eres agricultor, los principales compradores de tus productos serán los supermercados. Y estos pueden utilizar su poder de compra para bajar los precios que están dispuestos a pagar y así incrementar su margen de ganancia a costa del de los agricultores.

Los agricultores a menudo han tenido dificultades para obtener el mismo crecimiento en los niveles de ingresos en comparación con otras industrias. Una de las razones reside en la baja elasticidad de la demanda de alimentos. Si tus ingresos aumentan un 20 %, ¿compras más alimentos? Probablemente no. Si tus ingresos aumentan un 20 %, quizá te compres dispositivos electrónicos o vayas a cenar más a restaurantes. Los agricultores no experimentan el mismo crecimiento en la demanda y en el ingreso en comparación con otros sectores.

Además, los agricultores estadounidenses y europeos deben competir con el suministro proveniente del resto del mundo. La agricultura es un mercado global. El precio del trigo también se verá afectado por la distribución proveniente del resto del mundo, no solo de la economía local.

Debido a las numerosas dificultades asociadas con la agricultura y a su importancia como industria estratégica, esta ha atraído ayudas gubernamentales significativas en Japón,

Australia, Europa y América. En general, el objetivo de estos subsidios era ayudar inicialmente a los agricultores a atravesar un año difícil, pero como Milton Friedman observó con humor irónico: «Nada es tan permanente como un programa temporal del gobierno».[3] Esto es especialmente cierto para la agricultura, que suele contar con un gran grupo de presión político.

Los subsidios del gobierno han implicado el establecimiento de políticas como la garantía de precios mínimos —y la compra de cualquier excedente de alimentos—, la fijación de aranceles sobre las importaciones baratas y el otorgamiento de subsidios directos a los agricultores. En la década de 1980, la UE gastó hasta un 70 % de su presupuesto en la política agrícola común (PAC). El objetivo inicial había sido simplemente estabilizar los precios, asegurar el suministro de alimentos y proveer un ingreso razonable para los agricultores; nunca se pretendió que la política agrícola se volviera tan grande. El problema era que, para incrementar los ingresos de los agricultores, la UE estableció precios mínimos para los alimentos y acordó comprar cualquier excedente. Al contar con precios y compradores garantizados, los agricultores invirtieron fuertemente en promover cosechas más grandes, con frecuencia mediante la utilización de más químicos. El resultado fue que la oferta superó todas las expectativas y la UE se vio obligada a comprar más y más alimento, lo que finalmente condujo a la creación de los infames «lagos de vino» y «montañas de mantequilla», nombres que reflejan los inconmensurables volúmenes de excedentes alimenticios.

Pagar por productos que no eran necesarios constituía un uso muy ineficiente de los fondos del gobierno. Pero una vez que los agricultores se acostumbraron a los subsidios, fue muy difícil quitarlos en términos políticos. La situación incluso empeoró: para mantener los precios mínimos, la UE impuso aranceles altos sobre las importaciones baratas provenientes del exterior. De modo que los agricultores de otros países sufrieron pérdidas, y esto provocó guerras arancelarias entre la UE y el resto del mundo. Para complicar aún más las cosas para los demás agricultores, la UE algunas veces «vendía a pérdida» su excedente de alimentos en los mercados mundiales. Esto significaba vender muy barato, lo que ocasiona que los precios del mercado caigan; en la práctica, resulta beneficioso para los compradores, pero perjudica a los agricultores, que experimentarán una caída de precios y, por tanto, de sus ingresos.

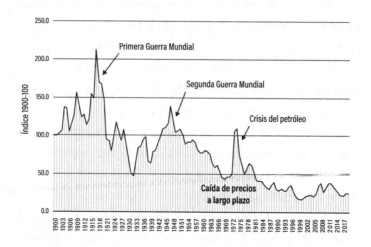

**PRECIOS REALES DEL TRIGO 1900-2019**

En las últimas décadas, la UE intentó reformar gradualmente su PAC, y lo llevó a cabo reemplazando los precios mínimos por el apoyo directo a los ingresos de los agricultores.

Algunos aranceles disminuyeron, pero la agricultura continúa siendo uno de los sectores más protegidos de la economía global. No obstante, el apoyo directo sobre los ingresos de los agricultores no representa una panacea, y a menudo son los propietarios más adinerados, aquellos que poseen los terrenos más grandes, quienes acaparan los subsidios más abultados. Es una paradoja extraña que a menudo se manifieste un malestar político acerca de los beneficios para los pobres cuando en raras ocasiones se cuestionan las sumas más altas de los beneficios públicos (en forma de subsidios agrícolas) que se otorgan a los propietarios más ricos. Esto puede suceder en parte debido a la imagen romántica que tenemos de las granjas, aunque las industriales agrícolas modernas, que mantienen a los animales encerrados en espacios reducidos, se encuentran muy alejadas de esa imagen bucólica.

Además, en los últimos años se ha gestado una preocupación creciente acerca de los costes medioambientales y de salud asociados a la producción agrícola a gran escala. Los químicos producen contaminación y la agricultura intensiva ha ocasionado una pérdida preocupante de la capa superficial del suelo. La sobreexplotación puede también provocar potenciales problemas sanitarios, ya que se alimenta a los animales con cantidades considerables de antibióticos y hormonas del crecimiento para maximizar las ganancias a corto plazo; todo esto a expensas de la salud humana. Por ejemplo, hoy día resulta difícil tratar afecciones como la cistitis debido a que la bacteria responsable, la *E. coli*, se ha hecho cada vez más resistente a los antibióticos. En efecto, las investigaciones afirman que han surgido bacterias resistentes a los antibióticos debido al tratamiento habitual de los pollos con estos medicamentos. Algunos científicos temen que las características actuales de la agricultura puedan facilitar la propagación de futuros virus a la población humana, como ya sucedió con la gripe porcina.

Esta situación enfatiza la problemática de que la agricultura tiene externalidades importantes, costes para el resto de la sociedad. Algunas consecuencias son positivas, como por ejemplo el hecho de que los agricultores puedan ayudar a proteger la forma rural de vida y también cuidar el medioambiente. Sin embargo, cuando la agricultura se vuelve muy intensiva, basada en el monocultivo y dependiente de químicos y antibióticos, puede provocar numerosos impactos negativos. Lentamente, la UE está intentando destinar sus subsidios solo a aquellos sectores que impulsan prácticas agrícolas de efectos positivos sobre el medioambiente. En 2013, adoptaron un nuevo «componente ecológico» para la PAC. La UE sostiene que «el "pago directo verde" (o "ecologización") ayuda a los agricultores adopten o mantengan prácticas agrícolas que contribuyen a alcanzar los objetivos medioambientales y climáticos». No obstante, las presiones comerciales incitan a que se busque una mayor rentabilidad, lo que ocasiona que se ignoren las mejores decisiones para el planeta a largo plazo.

## CONSUMIDORES RACIONALES

Un importante elemento de la teoría económica clásica es que los consumidores son racionales. Se supone que estos desean maximizar su utilidad (felicidad) y comprar los productos que mejor hagan valer su dinero. Esto no quiere decir que todos los consumidores sean racionales todo el tiempo. Pero, si dejamos los extremos de lado, el ciudadano medio tenderá a serlo. Vale la pena destacar que algunos de los primeros economistas también eran filósofos, y en el siglo XIX el utilitarismo era muy popular. A los economistas/filósofos como Jeremy Bentham (1748-1832) y John Stuart Mill (1806-1873), de manera previsible, les agradaba combinar los dos conceptos. El economista Vilfredo Pareto (1848-1923) acuñó el término *Homo economicus*, el «ser económico». La economía ortodoxa parte de la premisa de que los individuos persiguen el interés propio; saben lo que quieren y toman decisiones para maximizar su utilidad, y esas decisiones se basan en el concepto de utilidad marginal.

Es probable que en este momento te estés rascando la cabeza y pensando: «¿Cómo puedo tomar decisiones basadas en la utilidad marginal cuando ni siquiera sé qué es?». Buena observación, ahora lo explicaré. Cuando te ofrecen una segunda porción de pastel, piensas: «¿La disfrutaré?». Solo porque te gustan los dulces y has disfrutado del primer trozo no significa que quieras comerte otro más. De hecho, si te ofrecen una segunda porción de inmediato, es posible que la rechaces. Piensas que estás actuando en base al sentido común, pero esto también es la utilidad marginal en acción. La primera porción te brinda felicidad. La segunda no lo hace, ya que te sientes ligeramente satisfecho y quizá algo culpable por comer demasiado. Por supuesto, todos somos diferentes, y tal vez las personas jóvenes y delgadas de gran apetito puedan sentir que obtendrán algo de utilidad marginal por ese segundo trozo de pastel y decidan comérselo.

A pesar de todas las posibles limitaciones de la teoría de la elección racional, hay una cierta lógica en esta idea del consumidor racional. A la mayoría de las personas les gusta creer que actúan de manera lógica. Tenemos ingresos limitados y es por ello que los utilizamos de tal manera que nos otorguen una mejor tasa de retorno. De acuerdo con la teoría económica, existe un modelo que subraya que constantemente evaluamos la utilidad de comprar un producto extra en comparación con su precio. Ahora bien, en la práctica, nadie —ni siquiera los economistas— entra en una tienda y piensa: «Bueno, esa hogaza de pan me dará una utilidad marginal equivalente a 1,50 euros, pero, ya que cuesta 2,30 euros, compraré patatas en su lugar». Claramente, no realizamos cálculos exactos, pero cuando decidimos qué productos adquirir, recurrimos a evaluaciones aproximadas y compramos los que creemos que nos brindarán un mayor bienestar general.

Para los economistas, un aspecto deseable de este modelo de elección racional es que resulta fácil crear cálculos precisos, y por ello han creado modelos basados en esta presunción básica. Por ejemplo, la hipótesis del mercado eficiente indica que los precios de las acciones siempre serán un reflejo perfecto de su valor dada la información disponible. Si los precios de las acciones están valorados de manera incorrecta, esto se debe únicamente a la información imperfecta. La lógica es que, si existieran razones irracionales para que estuvieran infravalorados, algunas personas lo notarían y, para obtener ganancias futuras, las comprarían mientras su precio es bajo. Por el contrario, si existieran razones irracionales para que estuvieran sobrevalorados, una cantidad suficiente de inversores querrían vender para evitar pérdidas de dinero.

La teoría de la elección racional presenta una buena base para comprender ciertos aspectos de la economía, pero el problema reside en que, en la vida real, el consumidor medio suele ser lo opuesto a racional. Incluso Adam Smith, alguien fuertemente asociado a la economía clásica, aclaró en *La teoría de los sentimientos morales* (1759) que podemos tener otras motivaciones más allá del interés propio: «Por más egoísta que se pueda suponer al hombre, existen evidentemente en su naturaleza algunos principios que le hacen interesarse por la suerte de otros, y hacen que la felicidad de estos le resulte necesaria, aunque no derive de ella nada más que el placer de contemplarla».

De manera creciente durante los últimos años, la economía ha puesto mucho más énfasis en cómo, por qué y cuándo los consumidores e individuos pueden comportarse de manera irracional, al menos desde la perspectiva de la economía clásica. Se nombró vagamente a estas observaciones como «economía conductual», y representa un intento de explicar la naturaleza y el comportamiento humanos que se encuentran fuera de la visión tradicional de cómo operamos. Muchas de estas teorías nuevas provienen no de economistas, sino de psicólogos. Por ejemplo, Daniel Kahneman (nacido en 1934) ganó el Premio Nobel de Ciencias Económicas por su trabajo sobre el sesgo humano junto con su colaborador Amos Nathan Tversky (1937-1996), a pesar de ser ambos psicólogos. Juntos desarrollaron la teoría de las perspectivas, que sostiene que los seres humanos nos sentimos mucho más apegados a las cosas que tenemos que a las que no tenemos. Si los humanos fueran racionales, ganar cien euros debería provocar el mismo cambio en utilidad que perder cien. Sin embargo, ellos observaron que ese no es el caso; muy fácilmente nos aferramos a lo que nos pertenece. Por ejemplo, supongamos que has guardado una botella clásica de vino en tu bodega durante cincuenta años. Si alguien te ofreciera comprarla por trescientos euros, podrías rechazar la oferta porque quieres conservarla. No obstante, de igual manera, si no tuvieras esa misma botella de vino, quizá no estarías dispuesto a pagar ni siquiera treinta por exactamente la misma botella.

La teoría del *Homo economicus*, el ser económico racional, depende del supuesto de que el consumidor medio es racional. Sin embargo, a través de la historia se observan periodos en los que las personas medias no actuaron de manera racional. Por ejemplo, la mayoría de la población puede quedar atrapada en una ola de exuberancia irracional; comprar viviendas o activos porque nos entusiasma la perspectiva de obtener ganancias de capital. En teoría, deberíamos ser racionales y darnos cuenta de que los precios se encuentran inflados, pero en la práctica la naturaleza humana puede verse influenciada por un complejo conjunto de emociones.

Además, si los seres humanos fueran racionales, ¿por qué tomamos decisiones tan equivocadas? En el mundo real, muchas personas se vuelven adictas a sustancias peligrosas. Puede que sepan que sus decisiones les están causando daños, pero la compulsión los fuerza a seguir comprando. Esta clase de decisión irracional no es exclusiva de un grupo pequeño de personas. Muchos de nosotros podemos recordar malas decisiones que tomamos en cuanto a alimentos, bebidas, apuestas o compras impulsivas; una parte de nosotros siempre supo que no eran buenas ideas. Comprender cómo explotar nuestras debilidades es la razón por la cual las grandes empresas emplean tanto tiempo investigando —y valiéndose de— la psicología humana. Pueden ser chocolatinas ubicadas cerca de la caja registradora, o Facebook y su inteligencia para hacernos revisar nuestros estados, mensajes y notificaciones. Nadie se descarga esa red social y piensa: «La forma racional de incrementar mi utilidad es malgastar diez horas por semana de mi tiempo en Facebook», pero cuando miramos nuestro último año, ¡vemos que eso es precisamente lo que hemos hecho!

Otro ejemplo: los consumidores racionales deberían buscar maximizar la utilidad comprando productos baratos. Sin embargo, no siempre actuamos de esa manera. Existen algunos productos caros nos tientan a comprarlos porque sentimos que su precio refleja una calidad superior. Cuando comemos en un restaurante, ¿acaso todos escogemos la botella de vino más barata? Por lo general no; a pesar de que no podemos identificar la diferencia en calidad, no queremos lo más barato, queremos algo más costoso.

Quizá un desafío mayor a la teoría del *Homo economicus* sea la suposición de que la racionalidad significa maximizar nuestro interés propio. En su trabajo sobre los bienes comunes, Elinor Ostrom descubrió que las personas pueden dejar a un lado sus intereses individuales y actuar de manera armoniosa con la sociedad (véase p. 38). Esto conduce a que se piense que un mejor término sería *Homo sociologicus*; somos criaturas de sociedad, no de intereses propios. Los antropólogos argumentan que el capitalismo moderno, con su énfasis en la búsqueda de la propia satisfacción, es más bien una anomalía. A lo largo de la historia, las sociedades a menudo se basan en la reciprocidad, en el intercambio de regalos y el cumplimiento de expectativas sociales. En otras palabras, percibimos la vida no a través del prisma de nosotros mismos, sino a través de la familia y de la comunidad local. Si alguien se encuentra en estado de necesidad, le ofrecemos apoyo porque es lo mejor para nuestra sociedad. Otro problema con el *Homo economicus* es que, si se idealiza ese modelo, puede realmente fomentar un comportamiento más individualista. ¡Un estudio descubrió que es más probable que los economistas sean más egoístas que los que se dedican a otra profesión!

## DEFLACIÓN

La deflación es una situación en la que los precios medios caen y los productos se vuelven más baratos. Un aspecto importante es que no implica solo ordenadores y móviles más económicos; significa que todos —o casi todos— los precios bajarán. A primera vista, la deflación puede parecer deseable; ¿quién rechazaría pagar menos? Sin embargo, de manera un tanto no intuitiva, puede conllevar serios problemas económicos, de manera que las autoridades de la economía a menudo buscan evitarla a toda costa. Es razonable preguntarse: «¿Por qué los precios más bajos no son buenos para mí?». En un sentido lo son: si tus ingresos se mantienen igual y los precios caen, puedes, *ceteris paribus,* comprar más. Pero, en el mundo real, los periodos de deflación con frecuencia —¡no siempre!— se asocian con bajos ingresos y alto desempleo.

El primer factor a comprender es cuál ha sido la causa de la deflación. Por lo general, las empresas se muestran muy reticentes a bajar los precios —ya que esto implica menos ingresos—. Suelen hacerlo en circunstancias difíciles. En una recesión, donde la demanda se encuentra en declive, las empresas pueden entrar en un estado de desesperación y, en un intento por vender excedentes, bajarán los precios. Por tanto, la deflación a menudo se asocia con periodos de demanda decreciente, alto desempleo y crecimiento económico negativo. Por ejemplo, el periodo más austero de deflación de Estados Unidos tuvo lugar entre 1930 y 1933, cuando los precios cayeron una media de un 10 % anual. La oferta de dinero se redujo y también lo hicieron los precios, pero las personas no se encontraban en una mejor posición económica en absoluto. La Gran Depresión fue un periodo de bajos salarios y desempleo masivo, y la bajada de precios fue apenas un consuelo pobre para aquellos que aún luchaban por costearse sus necesidades.

Un importante aspecto de la deflación es que las empresas, presionadas para bajar los precios, inevitablemente intentarán recortar los salarios nominales —o, al menos, eliminar los aumentos salariales planificados—. Por lo tanto, para muchos trabajadores, un periodo de deflación significará productos más baratos, pero al mismo tiempo ingresos más bajos para comprarlos. Otro problema importante de la deflación es que causa mayores dificultades para pagar deuda. En general, cuando pides un préstamo, esperas que con el tiempo la inflación y los aumentos salariales faciliten el pago de la deuda. No obstante, si hay deflación, el valor real de tu deuda aumenta. Por ejemplo, una empresa puede endeudarse para invertir en una fábrica nueva. Si los precios comienzan a caer, esa deuda inicial se vuelve mucho más difícil de saldar porque la caída de precios reduce los ingresos y entonces un porcentaje mayor de estos se destinará a pagar lo que se debe, lo que hará que la empresa se vuelva menos rentable. De manera similar, para las viviendas con hipoteca, la deflación y un menor crecimiento salarial harán que los pagos del préstamo se vuelvan una carga cada vez más pesada en relación con los ingresos.

Por supuesto, la otra cara de la moneda es que la deflación es beneficiosa para aquellos que guardan ahorros considerables. Incluso aunque los tipos de interés sean bajos, significará que el poder adquisitivo del dinero aumentará y los ahorradores se verán beneficiados. Sin embargo, se produce una tendencia clara a reducir el endeudamiento y la inversión. Tanto las empresas como los consumidores serán reacios a invertir y a gastar porque existe un gran incentivo para ahorrar. Por sí sola, la decisión de reducir la inversión y ahorrar más puede no parecer un problema, pero, si la deflación desalienta el gasto y la inversión, esto puede empeorar la caída inicial del crecimiento económico.

¿Cómo responden los consumidores a la caída de precios? Comprando más es la respuesta intuitiva. Por ejemplo, si la inflación es del 2 %, pero los precios de los móviles caen un 5 %, se esperaría que los consumidores gasten más en estos teléfonos. Sin embargo, si todos los precios caen un 5 % y esperamos que continúen bajando, entonces esto puede cambiar la conducta de los compradores. Si creemos que los precios serán más baratos al año siguiente, retrasaremos el consumo. Sobre todo si los sueldos se encuentran estancados o en caída, la deflación alienta un consumo frugal. Un buen ejemplo es el de Japón en la década del 2000. Fue un periodo prolongado de deflación y precios estancados, lo que alentó un sentido de austeridad en los consumidores. Temían endeudarse y esperaban que los precios cayeran. Al no existir una gran reducción de precios, las empresas experimentaron dificultades para vender productos de lujo. Por tanto, los precios en caída generaron un ciclo negativo: causaron que bajara la demanda, y una demanda más baja alimenta precios más bajos. No solo eso, sino que los precios más bajos incrementan el valor real de la deuda, y una deuda más elevada también actúa como un freno sobre el crecimiento económico.

Desde la Segunda Guerra Mundial, los gobiernos y los bancos centrales han estado mayormente preocupados por evitar o reducir la inflación. Cuando esta aumenta, los tipos de interés suelen subir. Teniendo en cuenta las dificultades para controlar la inflación, podríamos creer que evitar la deflación sería mucho más fácil. Pero, en la práctica, la deflación puede resultar muy obstinada y difícil de evitar. Si la inflación se incrementa un 10 %, el banco central puede aumentar los tipos de interés tanto como desee hasta que haya un menor crecimiento en la oferta de dinero y la inflación se mantenga bajo control. Pero ¿qué sucede si la inflación es negativa y los precios caen un 4 % anual? El problema es que no se pueden recortar fácilmente los tipos de interés por debajo del 0 %. Lo que esto significa es que si los precios —y salarios— caen un 4 % y el valor del dinero aumenta, esa es una buena noticia para los ahorradores. Sin embargo, con la caída de precios —y generalmente salarios más bajos—, los prestatarios se enfrentan a mayores dificultades para pagar sus deudas originales. Idealmente, el banco central querrá recortar los tipos de interés a un -6 % para incentivar el consumo. Pero un índice negativo implica cobrar a las personas por ahorrar dinero. (En ese caso, sería racional retirar el dinero de los bancos y guardarlo debajo del colchón).

Otra solución para la deflación es imprimir dinero: crear dinero nuevo y distribuirlo. Si se imprime el suficiente, las personas lo gastarán, y esto finalmente provocará que suban los precios. A pesar de ser una política fácil —¡y popular entre aquellos que obtienen el dinero!—, los bancos centrales suelen ser muy cautelosos, pues la idea de imprimir mucha cantidad de moneda tiende a convocar el espectro de la inflación en los años subsiguientes. Una vez más, la experiencia de Japón actúa como moraleja sobre cuán difícil es quebrar el ciclo de la deflación. Durante los veinte años transcurridos de 1998 hasta 2018, el país nipón presenció con más frecuencia la caída de salarios más que su aumento. Kazuo Momma, exdirector ejecutivo del Banco de Japón, observó: «Tras años de no tener inflación, los japoneses conciben los precios como algo que se mantiene más o menos estable. Una vez que esa perspectiva se encuentra arraigada, es casi imposible cambiarla».[4]

A pesar de que la deflación es un problema real, no siempre implica necesariamente daños económicos. Eso depende en gran medida de su causa. Nuestro primer ejemplo fue la provocada por una caída en la demanda y una recesión. Pero también puede originarse por un aumento en la productividad y una mayor eficiencia. Este fenómeno podría denominarse como deflación «buena», ya que se pueden disfrutar de los beneficios de la caída en los precios sin sufrir los costes. Si se llegara a producir un salto cuántico en la tecnología, se reducirían los precios de la producción de bienes, lo que permitiría a las empresas trasladar esos costes más bajos a los consumidores. No obstante, si los costes de producción caen y la productividad laboral aumenta, las empresas pueden subir los salarios. De esa manera, logramos obtener lo mejor de ambos mundos: precios más bajos y sueldos más altos. En esta situación, la deflación permite que los individuos compren más productos.

Hacia finales del siglo XIX (1870-1890), las grandes economías industrializadas como la del Reino Unido y Estados

Unidos experimentaron periodos tanto de caída de precios como de fuerte crecimiento económico. Esta forma benigna de deflación se debía a mejoras considerables en la productividad gracias a la Segunda Revolución Industrial (también conocida como Revolución Tecnológica). Los nuevos inventos, como el procedimiento Bessemer, que permitió una barata producción en serie de acero, mejoró los motores de vapor, impulsó ferrocarriles más avanzados y nuevos dispositivos de comunicación —como el telegrama— y condujeron a un incremento notable en la productividad. Además, los costes de la construcción, el transporte y la agricultura disminuyeron, lo que permitió bajar los precios al mismo tiempo que fomentó un aumento en la inversión y en el consumo. Para alcanzar otro periodo de deflación benigna se necesitaría un descubrimiento similar de poderosas tecnologías. En teoría, la inteligencia artificial, los microchips e internet podrían impulsar la productividad, pero sus ganancias en realidad han sido menores a las provistas por las tecnologías previas. Por tanto, no consideramos que la deflación sea un fenómeno tan deseable y, teniendo en cuenta las bajas tasas de crecimiento en todo el mundo, el temor hacia la deflación negativa se vuelve cada vez más prominente. En las próximas décadas, la deflación podría superar la inflación y convertirse en la preocupación principal de la política económica.

## POLÍTICA MONETARIA

La política monetaria implica intentar controlar la oferta y la demanda de dinero en la economía. En general, su objetivo principal es vigilar la inflación y mantener una tasa razonable de crecimiento económico. La política monetaria es una de las formas que tiene el gobierno o el banco central de influir en el ciclo económico; en particular, apunta a evitar los auges (que provocan inflación) y las caídas (que implican recesiones y desempleo).

Para condicionar la oferta y la demanda de dinero, el banco central puede cambiar los tipos de interés e influenciar de manera directa la oferta de dinero. La política monetaria solía ser implementada por el gobierno, pero las economías occidentales han delegado cada vez más esa responsabilidad en los bancos centrales independientes. La lógica reside en que estos organismos cuentan con un conocimiento más especializado y, quizá más importante, que no se ve afectado por las presiones políticas. La desventaja es que funcionarios que no fueron elegidos en las urnas cuentan con más influencia sobre la economía que los líderes electos.

El instrumento principal de la política monetaria son los tipos de interés. Cambiarlos puede ejercer un gran impacto en la actividad económica porque influye en el coste de endeudamiento y el rendimiento de los ahorros. Si al banco central le preocupa la presión inflacionaria, puede aumentar los tipos de interés para cambiar el comportamiento de las empresas y consumidores. Los hogares con hipotecas o préstamos tendrían que pagar más intereses, lo que reduciría otras formas de consumo. Frente a un coste más alto de endeudamiento, las empresas se vuelven reacias a endeudarse e invertir. En cambio, unos tipos de interés más elevados hacen que el ahorro sea más atractivo, contribuyen a reducir el gasto y la inversión, así como a desacelerar el crecimiento. Si se desacelera el crecimiento, la tasa de inflación también debería caer.

De manera similar, durante una recesión, el banco central puede hacer lo opuesto. Puede reducir los tipos de interés para estimular el gasto y la inversión e incrementar el ingreso disponible de consumidores y ahorradores.

Vale la pena señalar que el banco central no establece directamente todos los tipos de interés de la economía. Los bancos cuentan con la libertad de determinar esta retribución para sus prestatarios y ahorradores. El banco central controla solo la tasa de referencia (a menudo también conocida como tasa de acuerdos de recompra). De hecho, esta es la tasa a la que las entidades comerciales piden préstamos al banco central. El banco central puede influenciar la oferta de dinero porque los bancos comerciales necesitan pedirle prestados fondos a corto plazo. Si el banco central decide aumentar la tasa de referencia, entonces a menudo —aunque no siempre— los bancos comerciales trasladan ese aumento tanto a los ahorradores como a los prestatarios. Por ejemplo, si las tasas de referencia incrementan de un 5 % a un 6 %, es posible que la de ahorros suba de un 3 % a un 4 %, mientras que el tipo de interés de los préstamos aumente de un 8 % a un 9 %. Los bancos comerciales obtienen ganancias del diferencial que existe entre los tipos de interés que pagan y los que cobran a sus clientes.

En teoría, utilizar los tipos de interés «ajusta» la economía y traza un curso de crecimiento económico estable y sostenible y de baja inflación. A comienzos de la década del 2000, muchos analistas sentían que esto se había logrado. El mandato de Alan Greenspan como presidente de la Reserva Federal parecía haber traído una estabilidad económica prolongada; al parecer era un maestro de la política monetaria. Pero la primera limitación de la política monetaria es que solo puede actuar hasta cierto punto. Los tipos de interés estaban manteniendo la inflación en un nivel bajo, pero en

Estados Unidos y en la economía global estaban ocurriendo otros problemas, ya que los precios de los activos habían subido y hubo un aumento masivo de los préstamos hipotecarios. La política monetaria por sí sola no puede lidiar con todas las problemáticas de la economía. No se puede utilizar los tipos de interés para apuntar a una baja inflación, estimular el crecimiento y prevenir el aumento de los precios de las viviendas.

En 2008-2009, después de la crisis crediticia, la economía entró en una profunda recesión, de manera que la respuesta esperada de la política monetaria fue reducir los tipos de interés. De hecho, los recortaron drásticamente de un 5 % a un 0.5 %, una bajada récord. En teoría, ese nivel tan bajo de estas tasas debería haber fomentado la recuperación económica. Sin embargo, en Estados Unidos, Japón y la UE, incluso unos tipos de interés más bajos parecieron ejercer tan solo un impacto limitado. La política monetaria en sí misma no fue capaz de abordar las causas profundas de la crisis económica. El interés era muy bajo, por lo que endeudarse era muy fácil, pero los bancos no querían prestar dinero porque, o ellos mismos sufrían escasez, o no creían que fuera una buena idea. De hecho, muchos bancos comerciales ni siquiera trasladaban el recorte de la tasa de referencia a los consumidores, ya que tenían escasez de efectivo y preferían aumentar sus reservas. Incluso los consumidores no cambiaron demasiado su comportamiento. Durante una recesión, los ciudadanos pueden volverse reacios al riesgo y no querer gastar de más, incluso aunque los tipos de interés sean bajos. Por lo tanto, la política monetaria tradicional (los tipos de interés) resultó relativamente ineficaz. El análisis teórico no estaba funcionando en la vida real.

Como respuesta, los bancos centrales intentaron implementar una política monetaria menos convencional, conocida como expansión cuantitativa. Esta estrategia implicó dos aspectos. En primer lugar, el banco central creó dinero, literalmente de la nada. No lo imprimieron físicamente, sino que lo crearon de manera electrónica —sería como entrar en tu cuenta bancaria personal y tener la capacidad de agregar unos diez mil euros extra a tu cuenta, ¡felicidades si lo logras!—. Con este dinero nuevo, compraron activos, como bonos públicos, a los bancos comerciales. Se esperaba que esto tuviera dos efectos. En primer lugar, la compra de activos reduciría los tipos de interés de los bonos, lo que ayudaría a estimular tanto el gasto como la inversión. En segundo lugar, la compra de activos a los bancos comerciales significaría que estos tendrían más dinero que, posteriormente, podrían prestar a las empresas.

Muchos argumentan que sin la expansión cuantitativa la recesión podría haber sido mucho más profunda y el desempleo, más alto. Efectivamente, otorgó más dinero a los bancos y ayudó a fomentar un poco los préstamos. Sin embargo, incluso sus defensores más acérrimos admitieron que no resultó un éxito absoluto. El problema con la expansión cuantitativa es que aumentó la oferta de dinero, pero los principales beneficiados fueron los bancos y los millonarios. La mayor oferta monetaria tendió a provocar un aumento en el precio de los activos (bonos, acciones y propiedades), y en su mayoría no se filtró a la economía en general. El ciudadano de a pie solo experimentó beneficios indirectos marginales de la expansión cuantitativa. Este es un problema de la política monetaria: sus efectos pueden ser muy desiguales. Unos tipos de interés más bajos pueden beneficiar a los prestatarios, pero perjudicar a quienes dependen de sus ahorros. La expansión cuantitativa vio un aumento de la oferta de dinero, que impulsó los precios de los activos, lo que, en todo caso, terminó incrementando la desigualdad de la riqueza.

Una crítica importante hacia la expansión cuantitativa es que crear dinero puede causar inflación. En 2010, algunos analistas predijeron que experimentaríamos una inflación descontrolada debido a todo el dinero que se estaba creando. Eso no sucedió, precisamente porque el dinero nuevo se destinó a bonos, acciones y reservas bancarias. El efecto en el crecimiento económico fue solo marginal.

Los críticos de la expansión cuantitativa argumentan que existe una política monetaria mucho mejor para lidiar con las presiones de la recesión y la deflación. En casos extremos de deflación y alto desempleo, proponen una forma diferente de crear dinero. De acuerdo a ese modelo, el banco central crea moneda y la distribuye directamente al público en general. En lugar de entregarlo de manera indirecta a los bancos y esperar a que aumenten el crédito, colocan dinero en efectivo directamente en el bolsillo de las personas. En este caso, habría un efecto mucho más inmediato en el consumo y la actividad económica. Las personas de bajos ingresos son mucho más propensas a gastar ese dinero extra. Mientras que los ricos tienden a simplemente aumentar sus ahorros y comprar activos, una clase de expansión cuantitativa que apunte a los ciudadanos con bajos ingresos podría ejercer un impacto más directo en el crecimiento.

Por supuesto, esta forma de política monetaria —que Milton Friedman denominó «dinero helicóptero», porque ¡parece que el banco central arroja dinero desde el cielo!— es un poco más arriesgada. Si imprimes demasiado dinero y se lo entregas directamente a los consumidores, con seguridad esto causará inflación. Pero, en una depresión donde bajan los precios, algo de inflación no es necesariamente malo. La verdadera razón por la que rara vez se utiliza el dinero helicóptero es porque hiere sensibilidades. ¿Deberíamos entregarle al público dinero creado de la nada? (Es como si no lo mereciéramos). Suena demasiado bueno para ser verdad, y existe el temor de que los gobiernos se entusiasmen demasiado y presenciemos una repetición de la hiperinflación como la que ocurrió en Alemania y Zimbabue (véase p. 67). Este temor no representa necesariamente un buen argumento, pero en verdad necesitaría una cuidadosa observación en relación con el estado de la economía. Si presenciamos una deflación prolongada y un crecimiento estancado, veremos que algunos países experimentan con el dinero helicóptero, una forma muy poco convencional de política monetaria.

## ADAM SMITH

Adam Smith está considerado el padre de la economía por buenas razones. En el libro *La riqueza de las naciones* (1776), escrito a comienzos de la Revolución Industrial, Smith sentó las bases de la economía clásica, que han perdurado hasta el día de hoy. Esta obra ayudó a presentar y explicar muchos conceptos clave de la economía, como la división del trabajo, el libre mercado, la productividad, las diferencias salariales, la mano invisible y el libre comercio. Hoy en día damos por sentados muchos de estos conceptos, pero en esa época representaban una revolución en el pensamiento económico. Ayudaron a alejar a las economías del mercantilismo y condujeron a un nuevo enfoque de libre mercado y *laissez faire*.

Tal vez la contribución más importante de Adam Smith está relacionada con el libre mercado. En *La riqueza de las naciones* explicó cómo los individuos, que persiguen su interés propio, podían crear mediante el funcionamiento del libre mercado resultados beneficiosos para toda la sociedad. Utilizó el famoso ejemplo de un carnicero, un cervecero y un panadero que estaban motivados por su propio provecho: «No es la benevolencia del carnicero, el cervecero o el panadero lo que nos procura nuestra cena, sino el cuidado que ponen ellos en su propio beneficio».[5]

Smith también se refirió a la mano invisible. Solo lo hizo en tres ocasiones, pero su nombre quedó ligado para siempre a este concepto. Decía que la mano invisible es la manera que tienen los individuos que buscan su propio bienestar de beneficiar al resto de la sociedad; «una mano invisible conduce a promover un objetivo que no entraba en sus propósitos».[6] La importancia de este concepto reside en que se ha convertido en la base filosófica de la economía del *laissez faire* y de la mínima intervención del Estado. Los economistas y políticos partidarios de una limitada intervención estatal y del libre mercado hacen referencia a Adam Smith para respaldar políticas que van desde el efecto derrame hasta el capitalismo *laissez faire*.

No obstante, si bien Smith definitivamente enfatizaba los beneficios del libre mercado y era escéptico respecto de la intervención del gobierno, su pensamiento económico no era simplista. Alcanzó su renombre a través de su trabajo en la filosofía moral, *La teoría de los sentimientos morales* (1759). En él, Smith se enfoca en cómo los individuos están motivados no solo por su interés propio, sino por una empatía más amplia por sus semejantes. Para él, esta empatía y preocupación por los demás era tan importante como la motivación del beneficio propio. Algunos analistas vieron un conflicto entre la visión sobre la empatía de Smith y la importancia del interés propio. Pero, incluso en *La riqueza de las naciones*, advertimos una perspectiva mucho más particular del interés propio dependiendo de las circunstancias.

Aunque Smith era escéptico sobre la intervención del gobierno en la economía, sí admitía que había algunos casos en los cuales era necesaria. Esto incluía la regulación del poder monopolizador. Era muy consciente de cómo las empresas podían convertirse en monopolios y luego utilizar esa ventaja para aprovecharse de los consumidores a través de precios más altos. En efecto, Smith alegaba que no siempre la mano invisible estaría allí para beneficiar a la sociedad, y defendía más la libre competencia que el libre mercado. Las fuertes presiones competitivas son importantes para regular el interés propio.

Con su visión previsora característica, Smith advirtió sobre el peligro de que las grandes empresas y las poderosas organizaciones sindicales se transformaran en fuertes grupos de presión y, efectivamente, persuadieran al gobierno para retener el poder que les otorga un monopolio no merecido. Sobre las regulaciones comerciales argumentaba que «se puede demostrar que ellas, en todos los casos, son un engaño común, mediante el cual el interés del Estado y la nación se sacrifica de manera constante en favor de una clase particular de comerciantes».[7]

Smith también respaldaba la provisión gubernamental de bienes públicos, como carreteras, la ley y el orden; beneficios que ningún individuo puede perseguir por sí mismo.

También sugería que esos bienes debían ser sufragados mediante los impuestos, lo que refleja en parte la capacidad de pago de una persona: «Un impuesto sobre la renta de las viviendas recaerá en general más sobre los ricos, y esta clase de desigualdad no es disparatada. Resulta razonable que los ricos financien el gasto público no solo en proporción a su ingreso, sino en una cantidad más que proporcional».[8]

Smith defendía el impuesto sobre la propiedad, sobre el valor de la tierra y sobre el consumo de lujo. También estaba al tanto de cuántos trabajadores se hallaban en la pobreza, ya que ganaban salarios que apenas cubrían un estándar de vida decente. Todas estas ideas eran muy radicales para su época.

Otro famoso concepto popularizado por Adam Smith es la división del trabajo (véase p. 121), que se convertiría en un aspecto cada vez más importante del desarrollo industrial. Sin embargo, como era característico en él, Smith no se dejó simplemente maravillar por su efecto sobre la productividad, sino que le preocupaba el impacto que el trabajo repetitivo y tedioso ejercía sobre los trabajadores. Temía que los que realizaban tan solo algunas tareas simples perdieran sus capacidades intelectuales y sus aptitudes naturales: «Esta es la situación en la que los trabajadores pobres, es decir, la gran masa del pueblo, van a caer necesariamente, salvo que el Estado tome medidas para evitarlo».[9]

Smith también es fundamental para desafiar la ortodoxia prevaleciente en la economía política de ese momento —así se llamaba a la economía—: el mercantilismo. Esta teoría sostenía que la riqueza de una nación se encontraba estrechamente relacionada con sus provisiones de oro y plata. También abogaba por un proteccionismo arancelario con el objetivo de crear un permanente excedente comercial. La perspectiva mercantilista de la economía era prácticamente un juego de suma cero: para adquirir mayor riqueza, intenta apoderarte de la de otros países e impulsa tus exportaciones a expensas de las de tu competidor. Smith desafió esta visión, ya que argumentaba que la mejor manera que tenía una nación para enriquecerse era involucrarse en el libre comercio. De este modo, se convirtió en un estandarte para aquellos economistas que desarrollaron las ideas del libre comercio e inspiró a David Ricardo (1772-1823) a desarrollar su teoría de ventaja comparativa.

De muchas maneras, Adam Smith sentó las bases para la economía clásica. Sus ideas y conceptos se han mantenido en el tiempo con una vigencia sorprendente, y los economistas de diferentes corrientes buscan apoyo en sus escritos para sostener sus puntos de vista. Los economistas neoclásicos enfatizan la creencia de Smith en el libre mercado y en la mano invisible. Otros hacen hincapié en sus observaciones respecto a las limitaciones de los mercados. El hecho de que sus escritos sean ponderados 250 años más tarde es un testimonio de la profundidad de su pensamiento.

## JOHN MAYNARD KEYNES

Si Adam Smith es el padre indiscutido de la economía, Keynes es el niño prodigio que revolucionó esta disciplina en el siglo xx y que creó una rama completamente nueva: la macroeconomía.

Keynes adquirió prominencia pública en 1919, cuando renunció a estar en la delegación británica del Tratado de Versalles, después de argumentar que las reparaciones impuestas sobre Alemania eran excesivas, demasiado punitivas, y que dañarían la economía alemana y su prestigio. Su advertencia resultó profética. Keynes después se estableció en su cargo de profesor en el Trinity College de Cambridge, donde utilizó su experiencia financiera para acumular una fortuna en la bolsa de valores tanto para él como para su universidad.

Incluso durante la década de 1920, Keynes ya comenzaba a advertir sobre los peligros de las políticas deflacionarias. Criticó duramente la decisión británica —bajo el mando de Winston Churchill— de readoptar el patrón oro. Keynes argumentaba que la economía del Reino Unido había perdido competitividad desde la Primera Guerra Mundial y que lucharía con un tipo de cambio sobrevaluado. Una vez más, su análisis fue acertado y el Reino Unido experimentó un alto desempleo y una deflación, incluso antes de la Gran Depresión.

En 1929, la famosa previsión de Keynes falló y él mismo perdió una fortuna en la crisis de la bolsa de valores de ese mismo año. Sin importar cuál sea tu reputación como economista, la bolsa de valores siempre puede hacerte quedar como un tonto... Sin embargo, fue la Gran Depresión la que condujo a Keynes a escribir su obra maestra: *Teoría general del empleo, el interés y el dinero* (1936). Keynes desarrolló su *magnum opus* gracias a los esfuerzos titubeantes de las economías occidentales para lidiar con amenazas como la Gran Depresión y el desempleo masivo.

Cuando la economía entró en recesión en 1930, la disciplina clásica ofreció algunas respuestas a esta situación excepcionalmente drástica. El análisis económico estándar sugería que los mercados se ajustarían por sí solos, si se los dejaba funcionar en sus propios términos. Esa era la ortodoxia de la profesión económica; hasta Keynes, la idea de que el gobierno interviniera para influir en el ciclo económico aún no había sido creada. A él lo exasperaba la visión ortodoxa de que, en algún momento, el paro desaparecería y la economía volvería a contar con una situación de pleno empleo. Se volvió famoso por la siguiente declaración: «A largo plazo, todos estaremos muertos. Los economistas se asignan una tarea demasiado fácil, demasiado inútil, si en las épocas tempestuosas solo se nos pueden decir que cuando la tempestad pase, el océano volverá a estar tranquilo».[10]

En ocasiones se malinterpreta su frase «A largo plazo, todos estaremos muertos». Keynes no está siendo partidario del disfrute promiscuo del presente, sino que se pregunta por qué debemos esperar varios años para que caiga el desempleo cuando podemos reducirlo en ese mismo instante.

Otra visión ortodoxa de la época era que el gobierno debía equilibrar su presupuesto, un punto de vista a menudo conocido como *Treasury view* o perspectiva del tesoro. En 1931, Keynes arremetió contra la decisión del gobierno de incrementar los impuestos y recortar los beneficios de desempleo en una apuesta desesperada por reducir el endeudamiento público. Comenzó a argumentar en favor de lo opuesto. Si se recorta el gasto público durante una recesión, esto contribuye a una mayor caída en la demanda y en el crecimiento económico. Keynes alegaba que el gasto público podía crear fuentes de trabajo, estimular la actividad económica y sacar la economía a flote.

Una de sus ideas innovadoras fue la contraintuitiva «paradoja del ahorro» (véase p. 39). Keynes observó que, durante una recesión, muchas personas, de forma comprensible, responden ahorrando más; sin embargo, este aumento considerable de los ahorros puede provocar dos efectos importantes. En primer lugar, el gasto y la inversión caen incluso más, lo que ocasiona un menor crecimiento. En segundo lugar, durante una recesión se experimenta un aumento marcado en el ahorro no utilizado e improductivo. Keynes sostenía que el endeudamiento público simplemente utilizaba esos ahorros improductivos y estáticos. En lugar de dejar el dinero debajo del colchón —o en los bancos—, el gobierno debía intentar gastarlo y volver a utilizar los recursos no empleados. Hoy en día, esa es una idea masivamente aceptada, pero en la década de 1930 era muy controvertida. El presidente estadounidense Herbert Hoover arremetió contra el «marxista Keynes», a pesar de que no era ni marxista ni socialista.

John Maynard Keynes fue una figura extraordinaria. Era miembro del grupo Bloomsbury, una importante asociación de intelectuales progresistas cuyo comportamiento a menudo desafiaba las normas sociales. Su propia vida personal era sorprendentemente diversa, al menos para la Inglaterra de la década de 1920. Pero su personalidad lo convirtió en un pensador libre, siempre dispuesto a desafiar las convenciones rígidas. También era un especialista en promocionarse a sí mismo y su confianza no conocía límites. Para intentar captar la atención de los ciudadanos hacia las obras públicas, sugirió pagar a los desempleados para que cavaran pozos en el suelo y luego los rellenaran. Cuando la gente respondió que sería mejor construir hospitales, Keynes dijo: «Fantástico, construyamos algo útil, siempre y cuando no haya desempleados». Quería que las personas tuvieran sus propias ideas para las inversiones públicas.

Otro aspecto importante de la economía clásica es la creencia de que cualquier tipo de desempleo se debe a que los salarios están muy altos. Por consiguiente, un ajuste decreciente de los sueldos debería conducir a la creación de más puestos de trabajo y a la desaparición del paro. Keynes atacó esta idea ortodoxa con el argumento de que, en un periodo de deflación, los trabajadores se muestran reacios a aceptar recortes en los salarios nominales. En segundo lugar, recortar las nóminas causará un declive incluso mayor en el consumo y en la demanda. Por lo tanto, para Keynes la solución no era recortar los sueldos, sino atacar la problemática de la demanda insuficiente en la economía.

La triste ironía de la década de 1930 era que los únicos países que adoptaron una forma de gasto keynesiana fueron dictaduras, como las de Alemania y Japón. Gracias al aumento considerable en el gasto sobre el ejército, ambas naciones eliminaron el desempleo de manera efectiva. Después de 1932, Estados Unidos y Roosevelt implementaron una forma limitada de keynesianismo con el New Deal, pero resultó insuficiente y demasiado cautelosa como para recuperar el pleno empleo. Keynes murió en 1946, mientras intentaba establecer un nuevo orden mundial en la posguerra que evitaría los problemas de las décadas de 1920 y 1930. A pesar de que se encontraba muy enfermo, impresionó a muchos oficiales estadounidenses con su dominio del tema y sus ideas, que formaron una gran base para el acuerdo de Bretton Woods, tras la Segunda Guerra Mundial. Sobre todas las cosas, criticaba cualquier intento de regresar al patrón oro, que había causado tantos problemas antes del conflicto bélico.

Keynes no solo estaba interesado en lidiar con las recesiones y el ciclo económico; se involucraba constantemente en desafiar la ortodoxia prevalente. Por ejemplo, arremetió contra los «bonachones» que creían que las personas debían trabajar más y ahorrar. En 1930, escribió un ensayo que predecía que nuestros nietos deberían poder arreglárselas con una semana laboral de tan solo dieciséis horas, ya que el aumento de la productividad significaría recibir el mismo salario por menos horas de trabajo. Estuvo en lo cierto al augurar un aumento de la productividad a largo plazo, pero su predicción de que utilizaríamos salarios más altos para trabajar menos resultó equivocada.

A pesar de sus ideas brillantes, Keynes no se garantizó su propio legado. Su *Teoría general...* es una lectura densa y compleja, y fue el economista estadounidense Paul Samuelson (1915-2009) quien ayudó a pulir su reputación. En 1948, Samuelson publicó un gran éxito de ventas llamado *Economics: An Introductory Analysis*, que popularizó, simplificó y explicó las teorías de Keynes para atajar las depresiones. Esta obra se convirtió en el libro de texto más vendido en las universidades estadounidenses, y consolidó las ideas de Keynes de manera tan sólida que se empezaron a hablar de la economía keynesiana, un título que pocos economistas han alcanzado. Antes de Keynes, la economía se centraba principalmente en la microeconomía y en la teoría de los mercados, pero él expandió su alcance para abordar la macroeconomía en su conjunto. También ayudó a que la economía se centrara en resolver problemáticas del mundo real y no tratara simplemente modelos teóricos y técnicos.

Con el tiempo, el keynesianismo se ha vuelto de uso diario, y a menudo se le atribuyen ideas que Keynes ni siquiera hubiera apoyado. Por ejemplo, él no creía necesariamente en un permanente aumento del gasto público. Consideraba que tanto este como el endeudamiento eran una necesidad en tiempos de recesión, pero no un objetivo permanente. Tampoco consideraba que la inflación fuera algo que no mereciera preocupación, como algunas veces se le atribuye. De hecho, Keynes defendía que la inflación representaba un coste considerable para la economía y, por lo tanto, había que evitarla. En las décadas de 1970 y 1980, el keynesianismo comenzó a caer en desuso a la vez que monetaristas como Milton Friedman embestían contra lo que ellos percibían como un gran fracaso del gobierno. No obstante, la recesión que comenzó en 2007 condujo a un resurgimiento del interés por Keynes debido a las similitudes de esa crisis con la Gran Depresión. Como las economías se estancaron, sus postulados de la década de 1930 se volvieron gradualmente más relevantes.

## EL EURO

El euro es una moneda única que es utilizada por diecinueve de los veintisiete Estados miembros de la Unión Europea. Es un proyecto excepcional porque es la primera vez que países tan diferentes acuerdan utilizar la misma moneda, adoptar la misma política monetaria y contar con los mismos tipos de cambio. Sus defensores alegan que es fuente de muchos beneficios, como el comercio sin fricciones y sin costes de conversión, pero los países de la eurozona también han sufrido por la pérdida de la capacidad para establecer sus propios tipos de interés y tipos de cambio. El euro podría convertirse en una plantilla para el futuro —compuesta por economías cada vez más interconectadas— o podría volverse una moraleja sobre las dificultades de países diversos —con economías diferentes— que intentan utilizar el mismo sistema monetario.

El objetivo principal del euro era completar el mercado único de la UE. Contar con una moneda única elimina la necesidad de que los viajeros realicen cálculos cambiarios dentro de la eurozona. Esto conduce a considerables ahorros en costes transaccionales y evita la necesidad de llevar diferentes divisas. El euro alienta a los consumidores a pensar en términos de un mercado único y hace que sea mucho más fácil cruzar la frontera para comprar bienes en otros países. La lógica es que la misma moneda a lo largo de la eurozona fomentará una presión hacia la baja y convergencia de precios. Si, por ejemplo, un monopolio en Bélgica establece precios elevados, los consumidores belgas podrían fácilmente obtener productos más baratos en Francia y cruzar la frontera para comprarlos. Todo eso es posible gracias a contar con una moneda única.

Quizá la mayor ventaja del euro es que termina de manera permanente con cualquier fluctuación de los tipos de cambio, lo que crea mucha más seguridad para exportadores e importadores. Antes del euro, una moneda como el franco francés podía apreciarse o depreciarse. Si el franco incrementaba su valor, los exportadores franceses perdían competitividad. Con el euro, eso no sucederá; de modo que las empresas pueden planificar basándose en tipos de cambio estables. Los tipos de cambio fijos de manera permanente también estaban destinados a crear un incentivo para que las economías tradicionalmente poco competitivas de Europa se centraran en mantener baja la inflación, y así permanecer competitivas sin recurrir a la reducción del valor de su moneda. Por ejemplo, si los productos españoles elevaban su precio antes de la adopción del euro, eso hubiera causado que la peseta española se depreciara, pero el euro significa que las empresas no pueden depender de la caída de los tipos de cambio. Por el contrario, deberán prestar mayor atención a incrementar la eficiencia y reducir los costes.

Hasta la crisis financiera de 2007-2008, parecieron hacerse efectivos muchos de estos beneficios. Hubo un aumento en el comercio, el turismo y una mayor inversión hacia la eurozona. Se presentó un cierto grado de convergencia de precios y —a pesar de las percepciones populares de que estos eran más elevados tras la introducción del euro— la inflación se mantuvo en un nivel bajo. No obstante, la apariencia externa de estabilidad se enfrentó a una dura prueba debido a la crisis financiera y sus consecuencias.

En 2009, la recesión implicó que los gobiernos europeos necesitaran incrementar el endeudamiento público. En general, esto resulta fácil. Si hay escasez de liquidez, un banco central puede crear dinero para comprar los bonos que necesite el gobierno. Esto puede verse reflejado en países como el Reino Unido y Japón. En 2011, el déficit del Reino Unido era mucho más elevado que el de la mayoría de los países europeos, pero el Banco de Inglaterra ayudó a comprar el déficit. Sin embargo, en la eurozona, muchas economías se enfrentaban a dificultades, ya que, debido a que tenían la misma moneda, no podían crear sus propias monedas para comprar bonos. Estas limitaciones provocaron que los tipos de interés comenzaran a aumentar, primero en Grecia, pero después en España, Irlanda e Italia. Se esperaba que ser parte de la eurozona ayudaría a mantenerlos bajos, pero, debido a que ninguno de esos países tenía su propio banco central independiente, los mercados temían la escasez de liquidez, y los tipos de interés crecieron de forma considerable, lo que a su vez provocó un aumento en los costes de endeudamiento. Esto presionó a los gobiernos a perseguir la austeridad, es decir, a recortar el gasto y subir los impuestos. Sin embargo, en países que sufrían de recesión, la austeridad simplemente empeoró la situación.

Además, durante la recesión, países como Grecia, España, Irlanda e Italia hicieron frente a más limitaciones ocasionadas por la moneda única. En primer lugar, no podían seguir una política monetaria independiente. No tenían la capacidad de recortar tipos de interés o implementar la expansión cuantitativa, ya que esas decisiones las toma el Banco Central Europeo, en Fráncfort. En segundo lugar, no podían depender de una depreciación en el tipo de cambio para recuperar la competitividad. Países como España tenían una inflación más elevada que Alemania, y eso significaba que sus exportaciones se volvían menos competitivas, lo que a su vez conducía a una menor demanda y un menor crecimiento económico. Tampoco estaban autorizados a implementar por su cuenta medidas para incrementar el crecimiento económico, ya que la política monetaria era muy rígida, se necesitaba una estrategia de austeridad y el tipo de cambio estaba sobrevaluado. Por tanto, los países se vieron envueltos en un ciclo deflacionario —intentando reducir el alto endeudamiento con austeridad—, lo que terminó provocando un menor crecimiento económico, bajos ingresos fiscales y, a su vez, niveles muy altos de desempleo.

En 2012, el BCE, bajo la presidencia de Mario Draghi, respondió a la crisis interviniendo de manera más agresiva en los mercados de deuda: comprando bonos y prometiendo «hacer lo que fuera necesario». Esto ayudó significativamente, pero los problemas estructurales de la eurozona se mantuvieron. ¿Pueden economías tan diversas como Grecia y España prosperar con el mismo tipo de cambio y la misma política monetaria que Alemania y los Países Bajos?

Para hacer una comparación, podemos examinar el caso de Estados Unidos, que tiene una moneda en común para los cincuenta estados. En teoría, cada estado podría tener su propia divisa, pero eso ocasionaría costes transaccionales innecesarios. Con una moneda única, el dólar, Estados Unidos también cuenta con una única política monetaria y un único tipo de cambio. Ahora bien, supongamos que los estados del Medio Oeste de Estados Unidos pierden competitividad y entran en una recesión mientras que los de la costa este y oeste se encuentran en un periodo de rápido crecimiento. Los estados del Medio Oeste desearían un recorte de los tipos de interés y una caída del tipo de cambio. Eso no sucederá porque la Reserva Federal establece los tipos de interés para toda la economía. Sin embargo, Estados Unidos se encuentra mucho más integrado en términos de idioma, geografía e instituciones. Si las personas del Medio Oeste se encuentran con altos niveles de desempleo, les resulta relativamente fácil mudarse a California o Nueva York. También, el gobierno federal estadounidense puede proporcionar fácilmente transferencias fiscales a los estados afectados.

Sin embargo, si España observa un alto desempleo, es mucho más difícil para los desempleados españoles mudarse a Alemania a buscar puestos de trabajo. Además, la UE solo cuenta con fondos federales limitados para enviar dinero de áreas prósperas a áreas deprimidas. La política de la moneda única funciona en Estados Unidos porque es una zona monetaria óptima; resulta fácil que la mano de obra y el capital se desplacen entre estados. Pero la situación es mucho más complicada en la eurozona. En teoría, los trabajadores griegos podrían mudarse a Alemania, pero se encontrarían con muchas más barreras al mudarse, como el idioma, los lazos culturales y la búsqueda de una vivienda. Por tanto, no resulta claro si la eurozona es una zona monetaria óptima. Si Grecia no hubiera adoptado el euro y hubiera mantenido su propia divisa, hubiera contado con mucha más flexibilidad para lidiar con la crisis de 2010-2012: podría haber depreciado el tipo de cambio para aumentar su competitividad, podría haber impulsado la expansión cuantitativa y no hubiera tenido que perseguir una austeridad tan profundamente dañina.

La crisis del euro fue una prueba muy seria para todo el proyecto de la eurozona y creó tensiones entre los países del norte y del sur de Europa. Sin embargo, algunos analistas no ven esta situación con pesimismo argumentan que la UE cuenta con la capacidad para enfrentarse a situaciones similares en el futuro. Por ejemplo, el BCE puede ser más activo a la hora de ayudar a países con problemas de liquidez y deuda —que es lo que ha estado haciendo desde 2012—. Además, la eurozona podría avanzar hacia un eurobono y presupuesto comunes, lo que otorgaría más recursos para aumentar el gasto en áreas deprimidas. Pero, si bien la unión fiscal podría, en teoría, reducir algunos de los problemas del euro, existe también una resistencia política: ¿acaso los votantes alemanes y neerlandeses querrían ver cómo sus ingresos fiscales se utilizan para subsidiar a la Europa del sur? Además, las crisis del Brexit y del covid-19 han generado nuevas tensiones dentro de la UE, lo que podría amenazar la integridad de la región. Claramente, el euro es una prueba interesante de una moneda única y su éxito dentro de las próximas décadas resulta incierto.

# 4

# Nunca te enriquecerás si...

## LUCHAS EN GUERRAS

Con frecuencia escuchamos que las guerras son buenas para la economía. De hecho, a menudo se alega que sus beneficios económicos son tan considerables que algunos intereses comerciales pueden incluso recibir —si no alentar— los conflictos bélicos con los brazos abiertos bajo la premisa de que son positivos para los negocios. Si bien es cierto que algunos sectores económicos en particular se pueden beneficiar con la guerra, los conflictos bélicos son un claro ejemplo de recursos desperdiciados —por no mencionar las vidas perdidas— y sin duda conducen a una caída muy significativa de los estándares de vida, lo que finalmente termina empeorando la economía.

¿Por qué, entonces, se encuentra tan arraigada la idea de que la guerra puede ser beneficiosa para la economía? En la década de 1930, la Gran Depresión condujo a un periodo de altos niveles de desempleo en todo el mundo. En Estados Unidos, alcanzó un pico del 20 % y, a pesar de una recuperación económica parcial, la tasa de desempleo permaneció invariablemente alta. Sin embargo, tan pronto como Estados Unidos entró en la Segunda Guerra Mundial, el desempleo cayó con rapidez, y el índice de desempleo se mantuvo cercano al pleno empleo durante un par de décadas. A partir de 1940, los estadounidenses experimentaron un alza rápida en los estándares de vida por medio de la Segunda Guerra Mundial y las guerras de Corea y Vietnam. Se vivió una situación similar en otras economías occidentales. Japón y Alemania, que comenzaron a rearmarse en la década de 1930, antes del estallido de la guerra, presenciaron una caída incluso más rápida del desempleo. Por tanto, resulta cierto que el gasto militar y la expansión del ejército pueden contribuir a reducir el número de trabajadores en paro. No obstante, vale la pena señalar que exactamente el mismo efecto podría haberse alcanzado mediante una inversión masiva en salud, educación e infraestructura pública. La cuestión principal es que a menudo existe una reticencia política a gastar y aumentar la deuda gubernamental para la construcción de obras públicas, pero el clima de la guerra hace que sea mucho más fácil endeudarse. Un conflicto bélico fomenta la voluntad política para incrementar de manera considerable el gasto público y crear nuevos puestos de trabajo —muchos en las fuerzas armadas—. En la década de 1930, Keynes alentaba el gasto público (en hospitales, educación e infraestructura) para crear un estado de pleno empleo, pero fue mayormente ignorado hasta el comienzo de la contienda. Resulta lamentable que la voluntad política de gastar lo que sea necesario solo se haga presente durante tiempos de guerra.

En el periodo de posguerra, la economía estadounidense experimentó un impulso similar en el crecimiento económico gracias a las guerras de Corea y Vietnam. Estas fueron etapas de gran gasto público, que coincidieron con un periodo de fuerte crecimiento económico y una economía que se encontraba cercana al pleno empleo.

Otro aspecto de los conflictos bélicos es que pueden fomentar la innovación tecnológica, ya que el gobierno está dispuesto a destinar recursos de gran escala hacia los descubrimientos tecnológicos. La Segunda Guerra Mundial conllevó un crecimiento rápido en la tecnología —como los radares, los motores de reacción y los primeros ordenadores—, un crecimiento que se vio acelerado por la contienda. Además, determinadas industrias verían un notable incremento en sus ingresos y su rentabilidad. Durante la Primera Guerra Mundial, los beligerantes invirtieron considerablemente en el armamento químico. Las empresas químicas recibieron grandes subsidios públicos para desarrollar armas de este tipo, lo que condujo a un enorme desarrollo de la industria química que continuó incluso después de que terminara la guerra. En 1940, Estados Unidos contaba con un ejército pequeño, pero durante la contienda la industria estadounidense pasó a ser conocida como el «arsenal de la democracia». Las empresas recibían grandes pedidos, y hubo un crecimiento sustancial en la industria armamentística por lo que este tipo de negocios se volvieron muy rentables. Una vez terminada la guerra, la industria armamentística continuó su crecimiento. Tanto es así que, al final de su presidencia en 1961, Eisenhower, comandante supremo de la fuerza expedicionaria aliada en Europa durante la Segunda Guerra Mundial, alertó de que el «complejo militar industrial» se había convertido en un poderoso grupo de presión interesado en mantener las ventas.

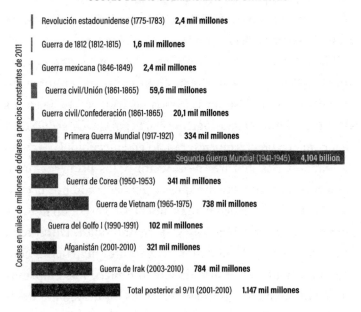

## COSTES DE LAS GUERRAS MAS IMPORTANTES

Revolución estadounidense (1775-1783)   **2,4 mil millones**

Guerra de 1812 (1812-1815)   **1,6 mil millones**

Guerra mexicana (1846-1849)   **2,4 mil millones**

Guerra civil/Unión (1861-1865)   **59,6 mil millones**

Guerra civil/Confederación (1861-1865)   **20,1 mil millones**

Primera Guerra Mundial (1917-1921)   **334 mil millones**

Segunda Guerra Mundial (1941-1945)   **4,104 billion**

Guerra de Corea (1950-1953)   **341 mil millones**

Guerra de Vietnam (1965-1975)   **738 mil millones**

Guerra del Golfo I (1990-1991)   **102 mil millones**

Afganistán (2001-2010)   **321 mil millones**

Guerra de Irak (2003-2010)   **784 mil millones**

Total posterior al 9/11 (2001-2010)   **1.147 mil millones**

*Costes en miles de millones de dólares a precios constantes de 2011*

Desde una perspectiva centrada en Estados Unidos en el siglo XX, puede considerarse que la guerra brinda ciertos beneficios económicos. Ayuda a disminuir el desempleo, puede contribuir a un mayor crecimiento económico y algunas industrias se ven claramente beneficiadas. Sin embargo, esta perspectiva sobre las contiendas es un tanto sesgada. La primera cuestión, y más evidente, es que, en el siglo XX, Estados Unidos estuvo involucrado en conflictos militares que se llevaron a cabo en terreno extranjero. Alguien más padeció la destrucción que la guerra trae aparejada. Para los países donde ocurren los enfrentamientos, existen enormes costes estructurales que representan un juego de suma cero. Para llevar a cabo la reconstrucción tras la Segunda Guerra Mundial se necesitaron miles de millones para reemplazar las viviendas e infraestructuras que habían sido destruidas durante la contienda. A primera vista, la reconstrucción de países después de la guerra puede considerarse un impulso a la actividad económica, pero eso sería repetir la falacia de la ventana rota (véase p. 25). Solo porque tengamos que reparar cristales o casas demolidas, no significa que estemos en una mejor situación; en lugar de gastar en reconstruir, los países hubieran podido utilizar el mismo dinero para fines mucho más productivos, como edificar escuelas nuevas.

En esencia, la guerra implica un gran coste de oportunidad. Si gastamos miles de millones en armamento, estamos tomando recursos que no se utilizarán para fines más productivos, como inversiones en sanidad, medioambiente o educación. Esas pérdidas no son necesariamente visibles. Pero imaginemos que Estados Unidos hubiera empleado cientos de miles de millones de dólares en construir un mejor sistema de transporte público durante la primera década de este siglo, en lugar de combatir en la guerra de Irak. Hubiera brindado un beneficio duradero y permanente a la sociedad y al medioambiente. Algunas veces parece que el gasto adicional destinado al sector militar no genera desventajas porque el gobierno se está endeudando para financiar la guerra. Sin embargo, una vez en la posguerra, esa deuda pública debe pagarse. Tras la Segunda Guerra Mundial, el Reino Unido contaba con una deuda pública de más del 200 % del PIB y durante los siguientes cuarenta años, al igual que otros países, debió pagar sus préstamos de guerra —tanto los intereses como el capital—. Sin la deuda de guerra ni los pagos de préstamos, las naciones habrían podido gastar más en otras áreas de gasto público —o bajar sus impuestos—. Este coste a largo plazo de la guerra no resulta visible durante el conflicto; es un coste para el futuro.

Hasta ahora, hemos ignorado el coste humano de la guerra, que indudablemente es el más significativo. En primer lugar, las víctimas de un conflicto militar no son solamente soldados que mueren en la batalla, sino civiles que quedan atrapados en las líneas de fuego y aquellos que mueren de enfermedades una vez terminadas las batallas. Las víctimas de guerra imponen costes personales intangibles sobre sus familias y también otros muy tangibles. Si un país pierde el 10 % de su fuerza de trabajo debido a la guerra, esto implicará un declive directo en la capacidad productiva de su economía. La mano de obra es un factor clave en la producción y, si mueren personas, la economía producirá menos. Tampoco es solo la fuerza laboral la que se ve afectada: las víctimas de guerra representan pérdidas invisibles, ya que su potencial desaparece. ¿Qué podrían haber hecho esas personas en caso de haber sobrevivido? Habrían sido empresarios, científicos, doctores. Asegurar que la guerra incrementa el crecimiento económico —tal vez debido a un aumento en el gasto extra— supone valorar el beneficio a muy corto plazo. El efecto a largo plazo de ese impulso de la economía casi siempre acaba siendo negativo debido a los recursos desperdiciados y a la pérdida de vidas y bienes materiales.

Asimismo, incluso aunque el PIB aumente durante la guerra, no representa de ninguna manera un indicador de los estándares de vida. Si se gastaran cien mil millones de euros en una guerra y luego cien mil millones más en reconstruir el daño, las estadísticas oficiales evidenciarían un aumento en el producto interior bruto (debido a todo el gasto), pero ese PIB no contribuiría a elevar los estándares de vida. Sería como demoler tu vivienda y pedir un préstamo para reconstruirla. Tu gasto incrementa, y la experiencia es muy dolorosa.

La guerra también tiene muchos efectos menos observables en la inmediatez. En primer lugar, además de las víctimas fatales, genera heridos que sufren a largo plazo, ya sea por daños físicos o mentales. Además de los costes personales, existe un coste económico que se evidencia en la forma de una fuerza laboral menos productiva. La guerra también genera miedo, ansiedad y preocupación, lo que reduce el incentivo a invertir y disminuye la inversión extranjera directa —y, por supuesto, se obtienen menos ingresos del turismo—. Cabe destacar el caso de la guerra civil: los países que sufren una probablemente experimenten tasas de crecimiento más bajas, menor inversión y una gran incertidumbre. Un informe de IANDA y Oxfam estimó que el coste de la guerra en África se encontraba aproximadamente en 280 mil millones de euros entre 1990 y 2007. El estudio también concluyó que los conflictos armados hicieron decrecer la economía alrededor de un 15 %.

Una nota final: la Segunda Guerra Mundial puede causar una impresión confusa sobre el impacto bélico. Desde cierta perspectiva, vemos la posguerra como un periodo de crecimiento económico; sin embargo, esta no es una experiencia habitual. En general, los países que salen de la guerra lo hacen con una gran deuda y altos niveles de inflación, y pueden experimentar años de estancamiento económico. Esto es especialmente cierto en guerras de pequeña escala entre dos países que, durante el conflicto, quedan por detrás de sus principales competidores.

## TE INVOLUCRAS EN GUERRAS COMERCIALES

Las guerras comerciales por lo general ocurren cuando los políticos buscan proteger las industrias locales de las importaciones baratas del extranjero. Si un sector enfrenta dificultades para ser competitivo internacionalmente, las empresas pueden verse en riesgo de cierre. En este caso, una solución rápida al problema sería restringir las importaciones más baratas para que las compañías puedan vender más al mercado local. Frente a la amenaza de pérdidas de empleo a gran escala, elevar los aranceles resulta atractivo en términos políticos. Los trabajadores y las empresas en riesgo de cierre suelen ejercer una fuerte presión sobre los ministros para que los impongan. Si el gobierno decide hacerles caso, los trabajadores y empresas se mostrarán agradecidos, pues esa decisión les permitirá mantenerse en el negocio, mientras que el gobierno obtiene ingresos de esos aranceles y se salvan los empleos.

Sin embargo, el impacto de los aranceles no termina aquí. En primer lugar, los consumidores locales asumirán precios más elevados. Si Estados Unidos ha estado importando acero barato proveniente de China, este metal barato ayudará a reducir el precio de los materiales de construcción. Si se imponen tarifas sobre las importaciones de acero, entonces otras empresas estadounidenses y sus consumidores verán un aumento de precios. Cabe destacar que este encarecimiento puede no ser visible de manera directa. Si aumenta el precio del acero, la mayoría de los consumidores no notará un cambio drástico. Al menos no en comparación con aquellos que sienten que los aranceles han salvado sus empleos. Sin embargo, si suben los precios, esto significará que el consumidor medio estadounidense contará con menos ingresos disponibles y, por tanto, caerá su demanda de otros productos y servicios en Estados Unidos. Una vez más, esto no se percibe de manera tan evidente, pero es importante tener en cuenta que, cuando se protegen las industrias internas, otros sectores sufrirán pérdidas debido a una pequeña caída en la demanda.

Por supuesto, los problemas no terminan aquí. Si Estados Unidos impone aranceles sobre las importaciones de China, es muy probable que el gigante asiático tome represalias y también los imponga sobre las exportaciones estadounidenses. Por lo tanto, las empresas estadounidenses que tienen una ventaja competitiva internacional se verán excluidas de los mercados chinos. Supongamos, por ejemplo, que China responde a los aranceles sobre el acero que impuso Estados Unidos gravando productos agrícolas estadounidenses como la soja. Los aranceles iniciales beneficiarán a la industria del acero estadounidense, pero la represalia perjudicará a algunos agricultores estadounidenses que exportan esa legumbre.

Otra razón por la que los economistas tienden a rechazar los aranceles y las guerras comerciales es que estas constituyen, en efecto, un subsidio para los sectores menos competitivos y eficaces de la economía. Si la industria siderúrgica estadounidense no puede competir con las importaciones extranjeras, ¿es una buena idea intentar protegerla? Es muy probable que la industria siderúrgica estadounidense esté perdiendo su ventaja competitiva y sea más ineficiente que las empresas extranjeras. En este caso, es mejor permitir que la industria siderúrgica estadounidense entre en declive y así permitir que la mano de obra y el capital se muevan a otras áreas donde Estados Unidos tenga ventaja competitiva, como el sector de las tecnologías de la información o el informático. Puede sonar duro dejar que las empresas e industrias decaigan, pero es algo que siempre ocurre en las economías modernas. Hubo épocas en las que las explotaciones mineras y la siderurgia empleaban a millones de trabajadores en Estados Unidos, pero en los últimos cien años, la economía evolucionó de manera constante para crear nuevos puestos de trabajo en el área de servicios y en la manufactura de alta tecnología.

La fijación de aranceles para proteger a las industrias de los cambios a largo plazo en la economía solo retrasará lo inevitable. Además, algunos economistas argumentan que, una vez que el gobierno se decide a proteger a una industria en declive, la situación termina empeorando. Crea un incentivo para que las compañías se concentren en ejercer presión en favor de aranceles en lugar de intentar mejorar su eficiencia y productividad. Los aranceles brindan un apoyo artificial que luego las empresas se niegan a soltar. Por ejemplo, la UE gravó muchos productos agrícolas con la formación de la política agrícola común. Una vez se establecen los aranceles, resulta muy difícil eliminarlos en términos políticos, lo que conduce a una subida permanente de precios para los consumidores de la UE.

Otro problema que generan las guerras comerciales es la incertidumbre. Si aumentan los aranceles y otros países toman represalias, siempre existe el temor de que aumenten otros aranceles en el futuro cercano. Esta posibilidad hace que se vuelva complicado para las empresas planificar la expansión de su capacidad de exportación. Durante una guerra comercial, los fabricantes y exportadores pueden verse inclinados a recortar sus inversiones porque no cuentan con la certeza de que podrán exportar con aranceles bajos. Esta incertidumbre resulta tan dañina como los mismos aranceles.

### ¿Deberíamos tomar represalias frente a aranceles más elevados?

Supongamos que China impone aranceles sobre las exportaciones de la UE en productos de *software*. ¿Debería la UE adoptar contramedidas? Los aranceles chinos perjudicarán a los exportadores europeos, que verán una caída en la demanda y tal vez incluso necesiten despedir trabajadores. La UE podría responder gravando las exportaciones de productos textiles chinos, lo que ofrecería una compensación a los exportadores textiles europeos. A primera vista, la represalia es la respuesta más adecuada. Si algunas empresas se ven perjudicadas por los aranceles, las contramedidas ayudan a impulsar a otros fabricantes. Cuando se imponen tarifas, esto conduce a un empeoramiento del déficit de cuenta corriente (algunas veces referido como déficit comercial). Al imponer aranceles a modo de represalia, podemos compensar frenando otras importaciones y volviendo a equilibrar la cuenta corriente.

Sin embargo, a pesar de la aparente lógica, la teoría económica sugiere que la mejor respuesta no es imponer aranceles, ya que causa una pérdida neta del bienestar. Por tanto, aunque otros países los adopten, la mejor medida para maximizar el bienestar económico general es mantenerlos bajos. Esto es así porque, cuando imponemos aranceles, los exportadores locales reciben una pequeña ganancia, al igual que el gobierno en términos de ingresos por estos tributos, pero estas dos ganancias no compensan la pérdida mucho mayor del bienestar del consumidor. Cuando gravamos las importaciones, los grandes perdedores son los consumidores locales, que asumen precios más elevados, por lo que ahora pueden costearse una menor cantidad de productos.

En efecto, afirman los economistas, las represalias terminan perjudicando a la propia economía. Es mejor mantener los aranceles en cero y disfrutar de los beneficios de los precios bajos, que conducen a estándares de vida más elevados y a una mayor demanda de otros productos. La cuestión de la cuenta corriente no es algo de lo que preocuparse. En las economías modernas el déficit comercial se financia fácilmente con entradas de capital.

Sin embargo, aunque los libros de texto de economía demuestren de manera matemática por qué los aranceles a modo de represalia dañan el bienestar de las cuentas, la realidad no siempre es tan sencilla. La razón de esto se reduce a la teoría de juegos. Si, por ejemplo, China está al tanto de que la UE está gobernada por la lógica del libre comercio, sabe que puede gravar las exportaciones de la UE sin esperar una respuesta. Por lo tanto, si China quisiera proteger algunas industrias locales, aumentaría los aranceles sobre las exportaciones de la UE a un coste relativamente bajo. No obstante, si China supiera que la UE tomará represalias, el coste de iniciar una guerra comercial se incrementaría significativamente. Si China fuera consciente de que unos aranceles más elevados ocasionarán respuestas de otros países, podría decidir que, en términos generales, la imposición de estos gravámenes no vale la pena.

Por tanto, existe un beneficio a largo plazo al desalentar las guerras comerciales en primer lugar. Por ejemplo, el presidente Trump era muy adepto a imponer aranceles sobre las importaciones chinas, ya que buscaba proteger a las empresas estadounidenses del acero y el carbón. China respondió gravando los productos agrícolas estadounidenses. Los aranceles sobre la soja estadounidense provocaron que los agricultores estadounidenses tuvieran dificultades para exportar, lo que levantó sus quejas. El enfado político de los agricultores pudo haber sido un factor determinante para disuadir al presidente Trump de extender la guerra comercial e imponer aranceles aún más elevados sobre los productos chinos.

Este es un buen ejemplo de una situación en la que no resulta suficiente tener en cuenta solo la teoría económica. Es necesario comprender que hay personalidades humanas involucradas. Alguien como Trump se veía muy inclinado ante la idea de imponer aranceles, pero la represalia hizo que las guerras comerciales se volvieran menos atractivas de lo que había previsto. China impuso gravámenes que provocaron que sus consumidores tuvieran que asumir costes más altos por los alimentos, pero esta puede haber sido la mejor respuesta frente a una personalidad tan volátil como la de Trump. En otra ocasión, esta vez con un presidente distinto, los chinos podrían creer que los aranceles han sido impuestos como último recurso y para una industria en particular. Si sienten que esa es una estrategia que se aplicará solo una vez, entonces serán menos proclives a tomar represalias y escogerán mantener los precios de los alimentos bajos.

Un problema de las guerras comerciales es que también pueden escalar. Si Estados Unidos impone aranceles sobre China, esta toma represalias. Como respuesta, Estados Unidos también reaccionará. Por lo tanto, un pequeño aumento de gravámenes puede conducir a una larga lista de aranceles, lo que creará un clima de desconfianza mutuo. Además, la presión política para imponer aranceles a menudo tiene lugar durante recesiones económicas, cuando las empresas se ven expuestas a un mayor riesgo de cierre. Por ejemplo, en 1930, el presidente estadounidense Herbert Hoover firmó la ley Hawley-Smoot, que elevó los gravámenes sobre muchas importaciones para proteger a las industrias locales. Sin embargo, estos aranceles a menudo eran insuficientes para salvar a las empresas perjudicadas por el colapso de la demanda y, por supuesto, condujeron a represalias y a una caída abrupta del comercio global, lo que empeoró seriamente la Gran Depresión. La mejor respuesta a esa crisis hubiera sido mantener los aranceles bajos o incluso eliminarlos. Pero, durante una recesión, los aranceles parecen ofrecer una solución temporal que resulta muy atractiva desde el punto de vista político.

## APOYAS A LA INDUSTRIA AGRÍCOLA Y LA INDUSTRIA PESADA

Por lo general, los gobiernos no intervienen para proteger a industrias en declive. No obstante, algunos sectores pueden tener un cierto atractivo emocional que a los gobiernos les resulta difícil ignorar. Por ejemplo, la agricultura puede ser considerada parte del patrimonio nacional. Además, depender de las importaciones de alimentos hace que una economía —y un país— se torne vulnerable en épocas de guerra o bloqueos comerciales. También algunas industrias conllevan un cierto prestigio —la aerolínea nacional, por ejemplo, o la industria siderúrgica nacional—, y permitir que fracasen puede darle al gobierno una mala imagen. Por tanto, en lugar de permitir que una empresa de alto perfil cierre sus puertas, con la consiguiente pérdida de empleos, el gobierno decide intervenir y ofrecer subsidios directos.

El economista Friedrich Hayek (1899-1992) critica profundamente esta clase de intervención estatal. Argumenta que subsidiar empresas en declive solo fomenta una mayor ineficiencia a largo plazo. Si una gran empresa cree que el gobierno puede salvarla, se verá desalentada a tomar decisiones difíciles como una reestructuración —y el despido de algunos trabajadores—. Si una compañía se asegura una ayuda del gobierno, no se abordará la cuestión fundamental, que suele ser su ineficiencia subyacente o la falta de demanda. Un subsidio se parece más a colocar una tirita sobre una herida abierta; te salva en el momento, pero no cura el daño real.

De hecho, una ayuda de las arcas públicas puede hacer que la empresa se vuelva aún más ineficiente. El argumento es que, si una compañía recurre al gobierno, le será más fácil concentrarse en ejercer presión para que este le entregue más dinero en lugar de tomar la decisión más difícil de reestructurar la empresa para mejorar su rentabilidad y para que sea viable a largo plazo. Este es un ejemplo de algo denominado riesgo moral: cuando el apoyo gubernamental altera las decisiones que toma una empresa. Por ejemplo, si los gobiernos rescatan a bancos en dificultades, como hicieron durante la crisis crediticia de 2007-2008, esto puede alentar a los banqueros a tomar mayores riesgos en el futuro porque saben que existe la posibilidad de que los gobiernos intervengan si pierden dinero. Aunque el rescate gubernamental pueda ser bien intencionado, puede afectar de manera negativa el comportamiento de los bancos y alentar decisiones deficientes y temerarias.

Los ejemplos más extremos de los problemas derivados del apoyo gubernamental provienen de la Unión Soviética, donde las fábricas le pertenecían al Estado y la rentabilidad no constituía una métrica importante. Siempre y cuando se cumplieran los objetivos de producción del gobierno, las empresas estarían a salvo. Esto condujo a una situación económica sumamente ineficiente, con industrias que carecían de incentivos reales para reducir costes o desarrollar mejores productos.

También es importante destacar que las economías se encuentran en constante evolución. La agricultura solía emplear al 80 % de la fuerza laboral. En el año 2000, este número había caído a un 3 % en muchas de las economías occidentales. En las últimas décadas, el sector industrial también ha sufrido una bajada relativa en Estados Unidos y Europa occidental. Pero no se recomendaría que el gobierno intentara detener estas tendencias de largo plazo. A medida que la agricultura y la industria manufacturera experimentan un declive, se permite el crecimiento de nuevos puestos de trabajo y la aparición de nuevas empresas en el sector servicios. Cuando un gobierno decide respaldar la industria pesada o agrícola, se trata de una respuesta emocional frente a potenciales pérdidas de empleo a corto plazo y no suele tener en consideración el panorama general. Los economistas del libre mercado argumentan que la mayor fortaleza del capitalismo reside en su capacidad de reinventarse de manera continua. Si una empresa o sector se está volviendo poco rentable, ese fracaso permite que la mano de obra y el capital se trasladen a otras áreas más productivas que se encuentran en crecimiento. Puede haber algunos costes a corto plazo a medida que los trabajadores intentan reubicarse en nuevas industrias, pero en el futuro permite una mayor producción, eficiencia y salarios reales más elevados. Por tanto, en lugar de intervenir para detener los cambios inevitables a largo plazo en la economía, la intervención del gobierno sería mucho más rentable si se utilizara para ayudar a que los desempleados puedan capacitarse nuevamente.

Si el gobierno subsidia la agricultura o alguna otra industria, es posible que algunos trabajadores perciban un beneficio, ya que sus trabajos se salvarán. Pero este rescate gubernamental provocará un coste de oportunidad muy evidente. Implicará impuestos más altos para la población general y reducirá su ingreso disponible, de manera que otras empresas —más rentables— experimentarán una caída en la demanda. De igual manera, la decisión del gobierno de ayudar a sectores en declive puede implicar un recorte en otras áreas, como la educación y la formación de trabajadores o las infraestructuras. Estas áreas serían más beneficiosas para la economía porque son sectores en los que el mercado suele fallar. Al subsidiar empresas en declive, el gobierno no le está ofreciendo un beneficio a largo plazo a la economía.

Otro problema es que la decisión de dar ayudas a agricultores o empresas en declive puede comprometer al gobierno a brindar apoyo a largo plazo. Si muchas empresas no son rentables, el subsidio del gobierno las ayudará a mantenerse a flote, pero no abordarán problemas como el exceso en la oferta de alimentos, los precios bajos y las importaciones baratas. Después conceder subsidios durante algunos años, el gobierno se encuentra en la misma situación que antes, y ahora debe decidir si mantiene las ayudas o asume las pérdidas y permite que las empresas fracasen. Sin embargo, si decide cortar los subsidios, será acusado de la quiebra de los agricultores. Esta dinámica ha demostrado ser cierta en muchas economías en vías de desarrollo. Cuando los agricultores atraviesan dificultades temporales y tienen ingresos bajos, se atrae el apoyo y los subsidios del gobierno, que luego conducen a una dependencia permanente y a la formación de un fuerte grupo de presión política. Por ejemplo, en 2019, los agricultores estadounidenses recibieron un total de veintidós mil millones de dólares en subsidios, y miles de agricultores recibieron más de cien mil dólares. Desde el momento en el que el sector agrícola recibió subsidios en la década de 1920, ha sido imposible ponerles freno.

Como regla general, el apoyo gubernamental a las industrias en declive no mejora el bienestar económico;

simplemente implica salvar a una parte ineficiente de la economía a expensas de nuevos sectores en expansión. Sin embargo, esto no significa que deba existir una regla absoluta sobre la intervención de los gobiernos. En circunstancias excepcionales, esta puede incrementar el bienestar económico general. Por ejemplo, durante una recesión severa, las empresas tienen dificultades para sobrevivir, pero no porque sean ineficientes, sino debido a unas circunstancias económicas extremas. Un buen ejemplo es la crisis del covid-19 de 2020 y 2021. En 2020, muchas industrias rentables y dinámicas se encontraron frente a pérdidas inmensas provocadas por una caída en la demanda. Las aerolíneas nacionales, por ejemplo, sufrieron un colapso en la demanda y entraron en riesgo de cierre. Si el confinamiento es temporal, el gobierno cuenta con un argumento sólido para mantenerlas a flote durante uno o dos años. De lo contrario, la economía perderá toda su mano de obra cualificada y la infraestructura existente de esa industria. El subsidio representará un desperdicio de recursos y un desempleo innecesario solo si la industria cierra en cuestión de algunos meses.

Sin embargo, el covid-19 crea un dilema complejo para los gobiernos, porque los tiempos de interrupción de la actividad son inciertos. Si pudiéramos tener la certeza de cuándo terminarán las restricciones del coronavirus, la decisión de los gobiernos sería simple, y existiría un argumento contundente para apoyar industrias como la hotelera, la del turismo y la del transporte. No obstante, si la pandemia perdura durante varios años, puede alterar de manera permanente la estructura de la economía. Si el distanciamiento social se volviera la norma, se daría un declive permanente en la industria gastronómica y en la del turismo. En ese caso, el gobierno desperdiciaría recursos intentando proteger empleos y empresas que no serán viables a medio o largo plazo. En este escenario, sería más adecuado que las instituciones públicas utilizaran sus recursos limitados para volver a capacitar a trabajadores, pagar generosos beneficios de desempleo y ayudar a la economía a adaptarse a un mundo nuevo de distanciamiento social. Apoyar a una economía precovid solo terminaría prolongando las dificultades de adaptación y constituiría un desperdicio de recursos.

## OBTIENES GRANDES CANTIDADES DE DINERO

En 1972, el rey de Bután declaró que su país utilizaría la «felicidad interna bruta» como medida del éxito económico en lugar del habitual PIB.

El PIB es una medida simple del ingreso nacional, pero la felicidad interna bruta es una forma de medir todos los factores que determinan los estándares de vida (salud, medioambiente, balance entre trabajo y ocio, etc.). El rey afirmaba que el nivel de vida depende de numerosos factores, más allá de simplemente cuánto dinero tiene la población. En ese momento, algunos consideraron que la propuesta del monarca era curiosa e interesante, pero que no era algo que las economías occidentales debieran tomarse demasiado en serio. Sin embargo, durante las últimas décadas, la economía de la felicidad se ha vuelto mucho más popular, ya que los economistas —y no economistas— cuestionan cada vez más la idea de que un aumento en los ingresos realmente mejore la calidad de vida.

En el desarrollo de la disciplina, los economistas clásicos asumieron que un aumento de los ingresos conduciría también a un aumento en la utilidad (felicidad). Pero es una suposición simple afirmar que si podemos comprar más productos y servicios se elevará nuestro nivel de satisfacción general. Es, tal vez, un pensamiento con el que muchos pueden sentirse representados, porque para muchas personas en el mundo obtener más dinero realmente incrementa sus estándares de vida. Si te encuentras viviendo con dos euros al día —como hacen más de setecientos millones de habitantes—, una subida en tus ingresos te permitirá comprar más alimentos y una mejor vivienda y te dará la posibilidad de tener mayor salud. Todos estos productos y servicios indudablemente conducirán a mejorar tus estándares y tu calidad de vida. Nunca deberíamos dudar de que, para muchas personas que luchan para llegar a fin de mes, un aumento en los ingresos puede ser muy bien recibido.

Sin embargo, si obtenemos una gran cantidad de dinero, ¿estamos realmente mejor? Si nuestros ingresos se duplican de dos euros al día a cuatro euros al día, la mayoría aceptará que supone un aumento considerable en el nivel de vida y en la felicidad. Pero ¿qué sucede cuando duplicamos nuestros ingresos de medio millón a un millón de euros? Un economista que estudió la economía de la felicidad, Bruno S. Frey (nacido en 1941), documentó que, en general, tendemos a sobreestimar ampliamente el beneficio de un aumento salarial y, en contrapartida, a subestimar ampliamente los beneficios de actividades no monetarias, como una buena amistad o la capacidad de socializar.

Lo primero a tener en cuenta es un concepto denominado utilidad marginal decreciente del dinero/riqueza. Esto significa que, cuando somos muy pobres, un ingreso extra de mil euros marcará una gran diferencia en nuestros estándares de vida.

Con ese dinero adicional podemos comprar productos realmente útiles, como alimentos, y pagar el alquiler. No obstante, para un millonario, unos mil euros extra solo representarán un beneficio mínimo, puesto que ya puede costear todos los bienes y servicios que son esenciales para su vida diaria. Si le entregáramos esa cantidad extra a un millonario, tendría dificultades para encontrar algo útil que comprar. Tal vez lo destine a adquirir un segundo o tercer reloj o alguna pintura valiosa; o quizá simplemente guarde el dinero en el banco. Algunos se alegrarán simplemente por la acumulación de dinero, pero la felicidad obtenida es muy inferior a la de los pobres.

Un estudio realizado por Andrew Jebb en 2018 indica que el ingreso óptimo para el bienestar emocional se sitúa entre 55.000 y 70.000 euros anuales. Hasta ese punto, se producía un aumento notable en los estándares y la calidad de vida. Sin embargo, cuando el ingreso aumentaba más allá de 65.500 euros anuales, era difícil constatar alguna mejora observable en las condiciones de vida y en los niveles reportados de felicidad general. De hecho, obtener mucha cantidad de dinero incluso puede implicar costes sustanciales que perjudiquen nuestra calidad de vida. Ganar un salario alto podría significar aceptar un empleo estresante que requiera mucha responsabilidad y presión, conducirnos a sacrificar nuestra paz mental y tiempo de ocio, e incluso provocar conflictos en nuestras relaciones, que se verán sacrificadas. Por supuesto, los trabajos de baja remuneración también pueden ser estresantes, pero, en general, en nuestra búsqueda por ganar más dinero, trabajaremos de más, intentaremos impresionar a nuestro jefe y gastaremos cada minuto intentando construir nuestro propio negocio.

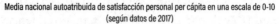

### SATISFACCIÓN PERSONAL VERSUS PIB

Media nacional autoatribuida de satisfacción personal per cápita en una escala de 0-10
(según datos de 2017)

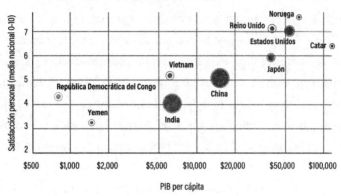

El otro extremo sería obtener una gran cantidad de dinero por medio de la buena fortuna, ya sea heredar dinero de parientes o tal vez ganar la lotería. Ambas situaciones tienen sus desventajas. Existen numerosos ejemplos de ganadores de juegos de azar que se vieron sobrepasados por su golpe de suerte y descubrieron que sus relaciones con familiares y amigos se volvieron tensas por la presión implícita de entregarles dinero. Si obtenemos una gran riqueza, podemos, en teoría, vivir una vida de lujos y no trabajar. No obstante, para algunas personas eso resulta inesperadamente desafiante. Al no tener un propósito, los ricos pueden volverse ociosos y holgazanes y sentir que sus vidas carecen de sentido. Cuando debemos trabajar para ganarnos el pan, sentimos que nuestra vida tiene un sentido y obtenemos satisfacción, pero si nos retiramos a los treinta, es probable que nos aburramos y nos volvamos apáticos.

Ganar dinero también puede crear sus propios problemas. Si poseemos una gran riqueza, nos sentimos temerosos de perderla y quizá debamos gastar más en seguridad, o también puede preocuparnos cómo ahorrar e invertir. Si basamos nuestro valor en cuánto dinero tenemos, incluso aunque recibamos un aumento en nuestros ingresos, nos sentiremos celosos de aquellos que tienen más. Por lo general, la búsqueda de la riqueza no se enfoca en comprar productos y servicios, sino que se convierte en un fin en sí mismo. Una gran motivación es adquirir más que los demás. Por lo tanto, incluso aunque aumenten nuestros ingresos, no nos sentiremos mejor si tenemos relativamente menos riqueza que otras personas.

En ese sentido, algunos economistas sugieren que debemos reevaluar la importancia del dinero. Tibor Scitovsky (1910-2002) escribió *The Joyless Economy* (1976), donde criticó la idea económica clásica de que un aumento en ingresos y en el consumo conducen a un mayor bienestar. Observó que un consumo más alto puede conducir a la búsqueda de placeres fugaces como la compra de los últimos dispositivos electrónicos o grandes automóviles, pero la calidad de vida se obtiene a través del ejercicio de habilidades, pasatiempos y actividades que requieren trabajo arduo, innovación y persistencia; por ejemplo, los deportes, la música o la meditación, pero no el dinero. Es una postura similar a la llamada «economía budista» de E. F. Schumacher (1911-1977), quien argumentaba que necesitamos priorizar cuestiones como el medioambiente y el bienestar de los demás en lugar de la riqueza individual. Alegaba que incrementar nuestra riqueza también amplía las complejidades de la vida y la cantidad de objetos que necesitamos para satisfacernos, alejándonos de un estilo de vida sencillo y feliz. Una mayor riqueza solo conduce a más necesidades y a una mayor presión: «Todo incremento en las necesidades tiende a aumentar la dependencia de las fuerzas exteriores sobre las cuales uno no puede ejercer ningún control y, por lo tanto, aumenta el temor existencial».[11]

A medida que se han acrecentado los ingresos en el mundo occidental en los últimos cincuenta años, han surgido más problemas. Por ejemplo, los científicos se refieren a «enfermedades de la opulencia». Contar con una mayor riqueza contribuye a un estilo de vida más sedentario, a una dieta menos saludable y a un mundo más contaminado. Todo esto está causando graves trastornos de salud, como enfermedades cardíacas y cáncer, así como contaminación y aglomeración, lo que hace que la vida sea menos atractiva en las grandes ciudades.

Por supuesto, los mayores ingresos no siempre conducen a un declive en los estándares de vida. Sin embargo, para muchas personas, el aumento de sus ganancias durante las últimas décadas no necesariamente ha representado una mayor satisfacción, por lo que la idea de priorizar el bienestar debería incorporarse ya a la política económica.

## ADOPTAS EL LIBRE COMERCIO

Se suele afirmar que una de las pocas cuestiones sobre la que los economistas pueden estar de acuerdo son los beneficios del libre comercio: este conduce a precios más bajos, una mayor competencia, economías de escala y mayores oportunidades para las industrias exportadoras. Sin embargo, a pesar del acuerdo sobre los beneficios teóricos del libre comercio, algunos economistas señalan que, si los países desean aumentar su riqueza —si desean progresar y pasar de ser una economía en vías de desarrollo a una economía desarrollada—, deberían estar dispuestos a implementar aranceles. Esto puede resultar sorprendente dado el amplio apoyo hacia el libre comercio. Pero economistas como Ha-Joon Chang (nacido en 1963) señalan que muchas naciones desarrolladas que ahora ensalzan las virtudes del libre comercio recurrieron a aranceles cuando sus propias economías estaban en expansión y crecimiento. Incluso países como el Reino Unido y Estados Unidos, conocidos por su «historial del libre comercio», en realidad se valieron de un nivel considerable de proteccionismo. Gran Bretaña utilizó el proteccionismo entre principios del siglo XVIII y mediados del siglo XIX, y Estados Unidos adoptó medidas proteccionistas desde mediados del siglo XIX hasta la Segunda Guerra Mundial. Algunos países del Sudeste Asiático (Corea, Taiwán, China y Japón) son ejemplos más recientes de la utilización de cierto proteccionismo arancelario para sus industrias en vías de desarrollo durante periodos de veloz crecimiento económico.

El hecho de que países desarrollados que utilizaron estos gravámenes y estas fórmulas proteccionistas ahora deseen insistir en el libre comercio para todos los demás se conecta con lo que el economista Friedrich List (1789-1846) denominó «retirar la escalera». Y existe un cierto grado de hipocresía en el hecho de que el mundo desarrollado elogie los beneficios del libre comercio después de haber utilizado medidas proteccionistas.

Un ejemplo famoso de los beneficios del libre comercio fue dado por el economista del siglo XIX David Ricardo, quien desarrolló la teoría de la ventaja comparativa. La teoría de Ricardo afirmaba que los países deberían producir aquello en lo que son relativamente mejores produciendo (el menor coste de oportunidad). Portugal, según él, era mejor en la elaboración de vino, mientras que el Reino Unido era relativamente mejor al fabricar tejidos. Su ejemplo sugería que ambos países se beneficiasen concentrándose en aquello en lo que son excelentes y luego comercializando entre sí. Así, la especialización y el comercio incrementararían el bienestar económico de ambos países.

Sin embargo, la economista de Cambridge Joan Robinson (1903-1983) alegó que el mundo real no era tan sencillo como el ejemplo teórico de Ricardo. Señaló que esa ley de ventaja comparativa puede significar que algunos países se queden atascados en estados económicos menos desarrollados. Continuando con el ejemplo de Ricardo, la economía de Portugal puede basarse en cultivar uvas y elaborar vino. Pero el Reino Unido se convierte en un centro industrial, lo que le brinda a su economía un potencial mucho mayor para un crecimiento y un desarrollo económico continuos. Un ejemplo más contemporáneo hace que este fenómeno sea aún más extremo. Los países africanos pueden descubrir que su ventaja comparativa actual se encuentra en la producción de materias primas: la cosecha de fruta y granos de café o la extracción de minerales. Por tanto, de acuerdo con el principio de ventaja comparativa, estos son los productos en los que deberían especializarse, mientras que el mundo desarrollado lo hace en la manufactura y los servicios. Sin embargo, una pregunta importante para los países de África es: ¿acaso concentrarse en la agricultura y los productos primarios los ayudará a largo plazo?

Si una economía se especializa solo en industrias agrícolas simples, puede enfrentarse a varios problemas. En primer lugar, el precio de los productos agrícolas puede fluctuar; y, cuando los precios se desploman, los ingresos también lo hacen. En segundo lugar, en una economía basada en materias primas, solo existe un alcance limitado de crecimiento económico. Si aumentan los ingresos, la venta de productos agrícolas solo se incrementa de manera mínima. Hay mucha más demanda de objetos manufacturados, tales como ordenadores y móviles. En una economía basada en la agricultura, hay menos incentivos para mejorar el nivel educativo y la productividad laboral, que permiten un crecimiento económico sostenido a largo plazo. Por tanto, se afirma que, cuando los países desarrollados pregonan sobre los beneficios del libre comercio, estos beneficios no se perciben de igual manera: se otorga mayor provecho a aquellos países más ricos que en la actualidad cuentan con una ventaja comparativa en industrias con un alto valor agregado, tales como la manufacturera.

En 1791, Alexander Hamilton, el primer secretario del tesoro de Estados Unidos elaboró el «argumento de la industria naciente». Creía que el gobierno debía proteger a los nuevos sectores que estaban intentando desarrollarse. En esa época, la industria manufacturera estadounidense se encontraba en sus inicios y las nuevas empresas se esforzaban por competir contra rivales más poderosos de Europa. Hamilton afirmaba que estaba justificado imponer aranceles proteccionistas para permitir que estas nuevas industrias del país pudieran asentarse. Una vez que estas prosperaran, disfrutarían más economías de escala y se volverían más competitivas a nivel internacional. En ese momento, ya no necesitarían el resguardo de los gravámenes. Sin embargo, sin ese periodo de protección arancelaria, las industrias nacientes nunca lograrían establecerse y el país se quedaría atascado en una economía de bajo crecimiento basada en la agricultura. Vale la pena resaltar que el argumento de la industria naciente no apoya la imposición de aranceles para sectores existentes, sino que estos solo se aplican en circunstancias particulares de una economía que intenta desarrollarse y diversificarse.

En un contexto moderno, el argumento de la industria naciente es relevante para las economías más pobres del mundo, que están basadas en gran parte en el sector primario y que han experimentado una baja tasa de crecimiento en las últimas décadas. En lugar de considerar solo la ventaja comparativa a corto plazo, se debería hacer un esfuerzo para diversificar la economía y desarrollar nuevas industrias manufactureras. Al igual que Estados Unidos en el siglo XVIII, el progreso de estas industrias requeriría la imposición de aranceles. Adherirse de manera rígida al libre comercio puede significar que una economía experimente dificultades para desarrollarse y enriquecerse.

Cabe destacar que algunos economistas creen que es demasiado simplista afirmar que el éxito de las economías británicas y estadounidenses se debió al proteccionismo. La economía de Estados Unidos se desarrolló gracias a los altos índices de alfabetización, los sólidos niveles de inversión y el crecimiento en la productividad del sector servicios. Incluso puede haber ocurrido que la economía estadounidense haya crecido rápidamente a pesar de las medidas proteccionistas. Además, los aranceles y el intento de diversificar la economía no necesariamente pueden funcionar bien. En la década de 1960, algunos países africanos intentaron desarrollar industrias manufactureras a través de una combinación de intervención estatal y aranceles. Esto resultó un gran fracaso porque sus economías no contaban con la infraestructura suficiente para dar ese salto en ese momento en particular.

En el periodo de posguerra, las barreras arancelarias medias habían caído en todo el mundo, y esto coincidió con una fase de gran crecimiento global; en especial en Asia y en los países BRIC (Brasil, Rusia, la India y China). Se le puede otorgar al libre comercio algo de crédito por ese fuerte crecimiento, aunque esto no significa que sea siempre la respuesta indicada. Si los países se encuentran cerca de diversificar sus economías, unos aranceles aplicados en el momento oportuno pueden contribuir a su desarrollo económico.

# 5

# Bombas ecológicas

## Naturaleza

**A** menudo, en las ciencias económicas clásicas, el rol de la naturaleza ha sido subestimado, cuando no ignorado por completo. Los modelos económicos se concentran en la maximización de la utilidad de los individuos, y existe muy poca conciencia de cuestiones ecológicas más trascendentes. El problema fundamental es que el modelo económico básico del libre mercado otorga a las personas la libertad de maximizar su utilidad mediante el consumo de productos y servicios. Sin embargo, durante los últimos cincuenta años, nos hemos vuelto más conscientes de que el crecimiento de la producción y el consumo está ejerciendo un impacto significativo sobre el medioambiente, lo que conduce a la pérdida de especies y hábitats, a la degradación de las tierras de cultivo y al calentamiento global, que ocasiona un clima mucho más volátil. Aun si ignoramos el valor intrínseco del medioambiente, nos estamos dando cuenta de que el daño infligido tendrá un impacto muy negativo en nuestra calidad de vida; si no es ahora, seguramente cada vez más en el futuro.

Un concepto importante en las ciencias económicas son las externalidades. Una externalidad es el efecto ejercido sobre un tercero. Si quemas carbón, eso conlleva un coste personal, así como también un beneficio personal (mantener el calor), pero quemar carbón produce contaminación y daña la calidad del aire. Este empobrecimiento de las condiciones del aire afectará a otras personas en la sociedad, quemen carbón o no lo hagan. Hasta la Revolución Industrial, los costes externos de usar combustibles fósiles eran insignificantes, y la contaminación general era tan baja que no se percibía un impacto discernible. No obstante, con la mayor industrialización, externalidades como la contaminación se volvieron mucho más importantes. En las grandes ciudades con alta densidad de población, la quema de carbón en los hogares causaba serios problemas de contaminación y daños en la salud.

Si la producción y el consumo ocasionan externalidades, entonces el libre mercado tenderá a provocar una asignación socialmente ineficiente de recursos. Con una externalidad negativa, como es el caso del carbón, habrá un consumo excesivo. Si todos en tu ciudad queman carbón para mantener el calor, por lo general no tendrás en cuenta los costes externos al decidir si seguir haciéndolo o no. El resultado es que los individuos toman la decisión racional de quemar carbón, pero esto ocasiona que la sociedad sufra los efectos de la contaminación atmosférica. No fue hasta la década de 1950 que las economías avanzadas, como las del Reino Unido y Estados Unidos, tomaron medidas para prohibir la quema de carbón en el ámbito doméstico. En el Reino Unido, se adoptó esta decisión después de que Londres sufriera los efectos de la gran niebla de 1952, cuando un clima extremadamente frío y poco ventoso hizo que se formara una gruesa capa de elementos contaminantes, la mayoría liberados por la quema de carbón. El resultado directo fueron al menos cuatro mil muertes. Cuando la contaminación atmosférica es tan evidentemente mala, la sociedad en general coincide en que es necesario tomar medidas. Sin embargo, muchos costes externos que afectan al medioambiente no se observan con tanta facilidad. Hoy en día, si encendemos la luz en nuestros hogares, esta acción no tendrá ningún impacto evidente en nuestra calidad del aire. Sin embargo, si la electricidad que la produce se genera a partir de combustibles fósiles, estará causando externalidades como la emisión de dióxido de carbono y otros contaminantes. Esta contaminación ocurrirá lejos de nuestras ciudades: ojos que no ven, corazón que no siente. Además, puede contribuir al calentamiento y a la contaminación atmosférica de todo el planeta, pero aun así la conexión con nosotros seguirá sin resultar evidente.

En teoría, existe una solución al problema de las externalidades. Si conducir un automóvil impone ciertos costes en la sociedad (contaminación, atascos, etc.), un gobierno puede aplicar un impuesto adecuado para hacer que las personas paguen el coste social completo. Si conducir resulta más caro, esto reducirá el consumo y la contaminación a un nivel socialmente eficiente. Siempre que podamos aplicar una regulación a las externalidades, es posible hacer que los ciudadanos paguen todos los costes sociales.

Pero el otro aspecto de las externalidades es que puede resultar difícil asignarles un coste preciso. Por ejemplo, si el aumento persistente de las emisiones de carbono causa calentamiento global, ¿cuál será el coste de que el planeta se caliente dos, tres o cuatro grados? Quizá no lo sepamos hasta que sea demasiado tarde para revertir el calentamiento o el devastador cambio ambiental. En relación con el esmog causado por la quema de carbón, el coste es observable. Y, sin embargo, los costes del calentamiento global pueden no ser percibidos por aquellos que más contribuyen a las emisiones globales. Por ejemplo, los altos niveles de contaminación del mundo industrializado ahora están afectando a pequeñas naciones insulares, que registran un aumento del nivel del mar. Para las naciones industrializadas, el calentamiento global tiene serios costes, pero para las naciones insulares ya resulta una problemática existencial.

En relación con las externalidades, los economistas buscan otorgar un valor a los costes. Esto se realiza estimando un coste monetario equivalente: el precio monetario de despejar la contaminación, digamos, o el precio monetario de una expectativa de vida más corta. No obstante, a pesar de que hay un esfuerzo para tener en cuenta las externalidades, esto se realiza asignando un coste monetario sobre el medioambiente según el efecto que ejerce en los humanos. Una crítica de este modelo podría argumentar que preservar especies y hábitats tiene un valor intrínseco y moral, incluso aunque los seres humanos no perciban ningún valor monetario directo. Por ejemplo, existe un claro incentivo económico para talar la selva amazónica y reemplazarla con tierras de cultivo; en particular, la cría de ganado y la siembra de soja destinada al consumo tanto de humanos como de ganado.

Sin embargo, esto está ocasionando la destrucción de sistemas ambientales que quizá nunca más se reemplazarán, y se perderán especies animales y vegetales para siempre. Desde un punto de vista económico, podemos señalar los potenciales costes económicos de esta decisión: la pérdida de especies conlleva que perdamos una planta muy preciada que podría convertirse en un medicamento en el futuro. Destruir selvas provoca que la tierra pierda su capacidad para absorber el dióxido de carbono, lo que conduce a una mayor contaminación y calentamiento global. Desde esta perspectiva, existe una fuerte motivación para limitar y prevenir la destrucción de las selvas tropicales. No obstante, además de este incentivo económico, tal vez debamos incorporar un razonamiento no económico en las decisiones para preservar el medioambiente mundial.

Otra crítica hacia las ciencias económicas tradicionales es que estimulan de manera sutil un modelo de consumismo. La economía está construida sobre la base de valorar un mayor PIB real o la producción nacional de un país, y hacer que la naturaleza trabaje para nosotros. Sin embargo, se podría afirmar que este punto de vista fomenta un enfoque más egoísta de cómo podemos maximizar el consumo y los estándares de vida de los seres humanos. Por contraste, otra forma de encarar la vida es valorar vivir en armonía con el medioambiente como objetivo primordial. Esto puede conducir a un PIB más bajo y menores niveles de consumo material, pero también puede incentivar la construcción de una sociedad menos impulsada por el consumismo y más dispuesta a valorar objetivos no monetarios. Incorporar este respeto por la naturaleza representa un desafío, porque la economía está configurada para trabajar con aspectos como la producción y los ingresos.

Algunos economistas se muestran menos pesimistas sobre nuestro impacto en el medioambiente. Afirman que los peores costes medioambientales a menudo suceden en una etapa temprana de la industrialización, y que, a medida que se desarrollan, las economías acaban por tener la capacidad, los ingresos y la voluntad para destinar más recursos a la protección ambiental.

Por ejemplo, en las últimas décadas, han comenzado a disminuir las emisiones de carbono provocadas por los países europeos occidentales. Al contar con ingresos más elevados, las personas se pueden dar el lujo de cuidar la naturaleza, y existe un mayor reconocimiento de su valor. Cuando los ciudadanos viven en la pobreza, es comprensible que se concentren en incrementar la producción y los ingresos. Pero, una vez que se alcanza un cierto estándar de vida, cuidar el medioambiente se convierte en una prioridad mayor.

Otra razón para ser optimistas es el crecimiento rápido de las nuevas tecnologías, que están contribuyendo a reemplazar las antiguas formas de generación energética. Por ejemplo, en los últimos años, las energías renovables como la solar y la eólica se han vuelto mucho más productivas, eficientes y baratas. Actualmente, resulta más barato generar energía proveniente de fuentes renovables que quemar combustibles fósiles. Se podría sostener que esto ejemplifica el poder que tiene el mercado de generar sus propias soluciones. Las energías no renovables, como los combustibles fósiles, son finitas y cada vez serán más costosas de producir, de modo que los recursos renovables se volverán más atractivos. Por tanto, es posible encontrar soluciones beneficiosas para el mercado a los problemas ambientales a los que todos nos enfrentamos.

Sin embargo, incluso el economista más partidario del libre mercado admite las limitaciones del mercado. La naturaleza no tiene voz en la economía, y depender únicamente de las operaciones del mercado conducirá a problemas medioambientales a largo plazo que podrían ser devastadoramente graves. Algunos ambientalistas aducen que hemos infravalorado de manera considerable el coste de cuestiones como la radiación, la contaminación del agua y del aire y el daño al suelo. Las generaciones futuras bien podrán considerar esta época como un periodo de oportunidades perdidas para proteger el medioambiente, una era en la que subastamos el futuro simplemente porque queríamos obtener energía más barata y más productos para consumir.

## RECURSOS COMPARTIDOS

Si abres un libro de economía, en general los primeros capítulos tratarán sobre los bienes privados: bienes que puedes reclamar como propios. Por ejemplo, si un individuo tiene cien euros, ¿cuántas manzanas y peras puede comprar? ¿Qué precios pueden cobrar las empresas por los bienes que producen? Sin embargo, ¿cómo actúa la economía con aquellos bienes que no pertenecen a nadie, aquellos que, por su naturaleza, se comparten entre todos? Por ejemplo, los «bienes» más esenciales de la vida son el agua y el aire. Ni siquiera los consideramos bienes, sino que los damos por sentados.

Si alguien arrojara basura en tu jardín, tomarías medidas y lo denunciarías a la policía. Pero si alguien contamina el aire que todos respiramos, ¿cómo lidiamos con esa situación? Probablemente, muchos de nosotros nos sintamos impotentes, a pesar de que se trata de un recurso compartido, que no pertenece a nadie y que, a la vez, es crucial para todos. No se puede comercializar, ni envasar ni vender, pero, al mismo tiempo, el aire que respiramos se ve afectado por las decisiones de los demás. Por ejemplo, unos niveles altos de contaminación atmosférica ocasionarán graves problemas de salud a aquellos que tienen asma. Se estima que hasta doscientas mil personas mueren de contaminación atmosférica únicamente en Estados Unidos. El aire es un recurso compartido que no estamos administrando demasiado bien.

De acuerdo con las ciencias económicas, el aire de buena calidad puede considerarse un bien público. Un bien público tiene dos características: no es excluible ni rival. Lo que esto significa es que, si respiras aire limpio, no reduce la cantidad disponible para alguien más. En segundo lugar, si se limpia el aire de una ciudad, todos sus habitantes se beneficiarán; no se puede excluir a nadie de respirar ese aire más limpio. Por el contrario, si te compras un automóvil, otras personas no podrán utilizarlo sin tu permiso.

Estas características de los bienes públicos pueden hacer que resulte más desafiante que un libre mercado proporcione el resultado óptimo. Por ejemplo, todos mejoraríamos la calidad del aire de nuestra ciudad si evitáramos conducir automóviles que consumen gasolina o diésel y en su lugar camináramos o tomáramos el autobús. Si todos adoptáramos esa clase de decisiones para mejorar la calidad del aire, podríamos beneficiarnos de una mejor calidad de vida y una expectativa de existencia más larga. Sin embargo, el problema es que, en una ciudad de millones de habitantes, siempre resulta tentador ser oportunista y aprovecharse de los esfuerzos de los demás. Si todos los demás mejoran la calidad atmosférica mientras nosotros conducimos hacia la ciudad, obtendríamos los beneficios de una mejor calidad de aire y también de un viaje más corto. El problema es que, frente a estos incentivos, tendemos a ignorar el impacto sobre los recursos compartidos y maximizamos nuestra propia utilidad en las elecciones a las que nos enfrentamos.

En el medioambiente encontramos muchos bienes públicos potenciales. Por ejemplo, si pagáramos por mejores protecciones contra inundaciones, reduciríamos el daño producido por el aumento del nivel del mar. Sin embargo, las defensas contra inundaciones son otro ejemplo de bien público. Si se proveen, entonces todos se benefician, incluso aquellos que no contribuyeron a pagar el coste de su producción. Por lo tanto, es poco probable que una empresa construya barreras contra inundaciones o tome algún tipo de acción que mejore el medioambiente porque sería difícil lograr que las personas contribuyeran. La solución para la falta de provisión de bienes públicos como un medioambiente sano en general toma la forma de alguna clase de intervención gubernamental. El gobierno puede forzar a todos los habitantes de una ciudad a pagar un bien público a través de impuestos para luego financiarlo con los ingresos fiscales. De esta manera, no resulta posible comportarse de manera oportunista, y se logra proveer el bien público. En cuanto a la calidad atmosférica, el gobierno tiene la capacidad de legislar en contra de ciertos niveles de contaminación para que no tengamos que depender de las restricciones voluntarias.

Sin embargo, un desafío de proteger el medioambiente es que los costes y beneficios quizá no sean observables en la inmediatez. Muchos contaminantes del aire son invisibles y, cuando las personas mueren de manera prematura, la calidad del aire puede no considerarse una problemática inmediata. Por ejemplo, se sabe que la contaminación atmosférica contribuye a enfermedades renales, demencia y afecciones cardíacas. Pero afirmamos que las personas mueren por enfermedades causadas por la mala calidad del aire y no por la contaminación atmosférica en sí misma.

Otra cuestión relacionada con los recursos compartidos es la siguiente: compartimos el aire limpio y los suministros de agua de calidad, pero ¿con quién? El nivel de contaminantes del aire es en gran medida una problemática global. Las emisiones de Europa afectarán a cada nación del planeta. No podemos tomar decisiones sobre la contaminación del aire para cada país por separado; necesitamos cooperación global. Asimismo, no compartimos el problema solo con otras personas, sino con las generaciones futuras. Las decisiones que tomemos en el presente sobre la contaminación y la calidad del aire afectarán a los que vivan en el futuro, posiblemente mucho más que a nosotros. Tomar la decisión óptima sobre los bienes públicos requiere la capacidad y la voluntad de considerar a todas las partes interesadas.

Los recursos compartidos presentan un desafío para las ciencias económicas, ya que numerosos modelos se basan en el concepto de maximización utilitaria individual, los bienes privados y las decisiones privadas. Incorporar a las futuras generaciones y el riesgo de un potencial daño catastrófico al medioambiente requiere un enfoque diferente al del pasado. Esto conlleva volverse más agnóstico acerca del crecimiento económico. Si otorgamos más valor a los recursos compartidos como el aire y el agua, el mejor resultado posiblemente no sea maximizar el crecimiento económico, sino priorizar que los recursos compartidos sean viables y sostenibles. Quizá también requiera una distribución más equitativa de la riqueza. Por ejemplo, una gran compañía multinacional puede encontrarse en una posición de dañar recursos compartidos porque es dueña de tierras y provee empleo. Y, si las decisiones las tomaran solamente las empresas, es muy probable que prioricen su interés propio en lugar del bienestar general.

Además, en cuestión de recursos compartidos, quizá la solución no deba limitarse únicamente a depender de la intervención gubernamental. El modelo económico de la teoría de decisión racional asume que los individuos serán oportunistas; es decir, no tiene sentido proteger los recursos compartidos porque otras personas no lo harán. Sin embargo, los seres humanos no se ven motivados únicamente por objetivos monetarios y egoístas; existe un fuerte elemento de presión social, altruismo y deseo de contribuir con la comunidad. Al apelar a la naturaleza más bondadosa de los individuos y a su aspiración por un medioambiente sano, las personas pueden gestionar algunos recursos compartidos sin depender exclusivamente de la intervención gubernamental.

Los antropólogos y sociólogos afirman que existen numerosos ejemplos en los que los ciudadanos pueden gestionar recursos compartidos de manera eficaz, debido a que las comunidades locales crean lazos sociales sólidos para alentar a comportarse de una manera protectora y sostenible. Este cambio de actitud y comportamiento puede estar lejos del alcance de las ciencias económicas y pertenecer más al ámbito de la filosofía, pero, aun así, estas pueden jugar un papel importante. Por ejemplo, la economía conductual sugiere que podemos ser inducidos con facilidad a adoptar comportamientos diferentes. Si tenemos un día determinado de la semana para reciclar nuestra basura, se desarrolla una sutil presión social para reciclar y mantener el ritmo de los vecinos. De manera similar, si se desalienta con ahínco la utilización de automóviles de contaminación alta mediante impuestos y campañas publicitarias, se puede llegar a considerar «poco aceptable» comprar una camioneta que contamine más. Es probable que el vehículo que llame más la atención en el futuro no sea el derrochador de gasolina del pasado, sino el supereficiente y no contaminante automóvil eléctrico.

## TRANSPORTE AÉREO

El transporte aéreo genera altos niveles de emisiones de carbono y contaminación. Se estima que un vuelo de larga distancia desde Londres a Nueva York produce 986 kilogramos de $CO_2$. Para poner este número en perspectiva, existen 56 países en el mundo cuyas emisiones medias per cápita de dióxido de carbono son menores a 986 kg. Por lo tanto, en un viaje de larga distancia se emite más $CO_2$ del que muchas personas emitirán en un año entero. La industria aérea señala que las emisiones de las aerolíneas representan solo el 2 % de las emisiones globales totales de dióxido de carbono. Sin embargo, muchos creen que una cifra más precisa de su impacto podría ser 2 o 2,5 veces más elevada. Esto se debe a que un avión emite no solo $CO_2$, sino también óxido nitroso, que daña la capa de ozono, hollín y vapor de agua, lo que podría contribuir a la creación de nubes cirrus, que de noche reflejan el calor hacia el planeta. Además de los numerosos gases de efecto invernadero que produce un vuelo, también hay que considerar las emisiones de $CO_2$ relacionadas con la fabricación de aviones, su mantenimiento y la promoción de viajes hacia aeropuertos, etc. El efecto neto de la industria aérea es, por lo tanto, mucho mayor que el porcentaje simplista del 2 %. Además, esta cifra es el resultado de una media global, pero la mayoría de los trayectos se concentran en países de gran riqueza. En la UE, los vuelos representan el 3,8 % de las emisiones totales.

Para empeorar la situación, al menos en el periodo previo al covid-19, se esperaba que la demanda de transporte aéreo creciera de manera considerable, y se predecía un crecimiento del 300 % para el año 2050. Además, a diferencia de los automóviles, es mucho más difícil que los aviones utilicen energías renovables y propulsores híbridos eléctricos. Los motores de batería simplemente no tienen la potencia suficiente para hacer despegar un avión, y mucho menos para tolerar un viaje de nueve horas. El impacto medioambiental del transporte aéreo sin duda es elevado y posiblemente crezca en el futuro. Si nos comprometemos a reducir las emisiones de $CO_2$, la contaminación y el calentamiento global, entonces debemos tomar acción frente a las aerolíneas. La pregunta es: ¿qué deberíamos hacer y cuánto deberíamos cambiar? Si la industria aérea está ocasionando un coste medioambiental considerable, ¿deberíamos pasar las vacaciones en nuestros propios países y olvidarnos de la posibilidad de visitar destinos más alejados?

Un economista probablemente respondería valiéndose del concepto de eficiencia social e intentando incluir en el precio final todos los costes externos de volar. Solo porque los vuelos contaminen y generen emisiones de $CO_2$ no significa que el nivel socialmente eficiente sea cero contaminación y que, por ende, se deberían prohibir todos. Sin embargo, de igual manera, no deberíamos dejar la cuestión en manos del mercado e ignorar los costes externos de volar. Para ponerlo en perspectiva, algunos vuelos pueden brindar un beneficio social mayor que otros. Cuando un empresario viaja a otro país, puede fomentar la inversión extranjera, que a su vez genera beneficios económicos, o un trabajador social puede necesitar volar para ayudar a distribuir recursos. No obstante, algunos vuelos como un viaje de compras a Nueva York desde Europa solo brindan un beneficio marginal, y, si el precio fuera más elevado, quizá renunciaríamos al viaje de compras de fin de semana a la Gran Manzana y adquiriríamos los productos en nuestro propio país.

**Impuesto sobre el carbono.** Un impuesto sobre el carbono significa gravar los combustibles fósiles (diésel, gasolina, fuel de aviación) que equivale al coste social total de volar. Por ejemplo, si se estima que una aerolínea de Estados Unidos provoca costes medioambientales de doscientos euros por vuelo, se debería cobrar el mismo monto a través del impuesto sobre el carbono. Ese aumento de precio disuadiría a muchos viajeros de realizar vuelos que no consideren necesarios. Alentaría a las personas a pasar las vacaciones cerca de casa. Una crítica a ese elevado impuesto a las aerolíneas es que parece injusto y perjudica a aquellos que menos pueden costearlo. Pero los viajes frecuentes en avión son principalmente realizados por personas de ingresos altos. Los ciudadanos de ingresos bajos no gastarían dos mil euros al año en vuelos. Por lo tanto, un impuesto sobre el carbono aplicado a los vuelos posiblemente sea progresista, pues se toma un porcentaje de ingresos de los que más ganan. Una adaptación de este enfoque sería que la aerolínea cobrara una determinada suma que iría en aumento con la cantidad de vuelos realizados. Esto significaría que los pasajeros frecuentes verían que su coste de volar aumenta cada vez más, mientras que un vuelo al año sería relativamente asequible. También vale la pena considerar que el combustible de aviación no está sujeto al IVA como otros bienes, y algunas aerolíneas reciben subsidios del gobierno para su operación y desarrollo de infraestructuras.

Una ventaja fundamental de cualquier impuesto es que los ingresos fiscales se pueden utilizar para recortar los impuestos existentes o invertir en tecnología o transporte ecológico y planes que ayuden a mejorar el medioambiente. Por tanto, un impuesto aéreo sería muy beneficioso para aquellos que no vuelan o que no lo hacen con tanta frecuencia. La ventaja de un impuesto sobre el carbono es que permite a las personas decidir si quieren volar o no. No se prohíben los vuelos ni se restringe la cantidad de viajes, de modo que quienes estén dispuestos a pagar un precio más elevado pueden continuar viajando. Sin embargo, un impuesto considerable llegaría a cambiar el comportamiento de las personas a largo plazo y evitar viajes a lugares inhóspitos del mundo.

Este impuesto sería variable dependiendo de la huella de carbono del vuelo. Por ejemplo, las aerolíneas de bajo coste que apiñan a tantas personas como les es posible emiten una huella de carbono relativamente baja. Así que el gravamen sería mucho más elevado para los asientos de primera clase —que ocupan más espacio en el avión y, en consecuencia, hacen que se emita más $CO_2$—. El impuesto sobre el carbono también sería variable teniendo en cuenta la longitud del trayecto; los vuelos de larga duración estarían sujetos a un gravamen más elevado que los vuelos de corta duración. Esto aumentaría significativamente el precio de los viajes de larga distancia, ya que los pasajeros deberían pagar el coste social completo de su viaje. Otra ventaja de implementar un elevado impuesto sobre el carbono es que crea un incentivo poderoso para que la industria aérea minimice sus emisiones tanto como sea posible. De hecho, se estima que aproximadamente un 10 % de las emisiones aéreas son innecesarias. Entonces, un impuesto sobre el carbono más elevado alentaría a las aerolíneas a reducir el tiempo perdido volando en patrones de espera sobre los aeropuertos mientras se les concede pista, por ejemplo. Si se implementa esta iniciativa de tributos a nivel global, un impuesto más elevado sobre el carbono también reduciría el incentivo de las aerolíneas de cargar combustible en países más baratos y luego volar con exceso de peso —algo que causa emisiones innecesarias—. A largo plazo, un precio más elevado de combustibles fósiles obligaría a desarrollar tecnologías alternativas, que actualmente resultan imposibles de costear.

Una alternativa a la imposición de un alto impuesto sobre el carbono es una propuesta presentada por la Organización de Aviación Civil Internacional (OACI). Se trata de un organismo de las Naciones Unidas que regula las emisiones de las aerolíneas. La idea principal de esta propuesta es que los aviones pueden utilizar más combustibles fósiles y quemar $CO_2$ si compensan esas emisiones extra comprando créditos de carbono, con los que se financiarían proyectos para plantar árboles, prevenir la deforestación o instalar paneles solares. Muchas aerolíneas se han adherido a estos programas de compensación del carbono porque les permiten afirmar que están promoviendo un crecimiento sostenible en el número de pasajeros mientras se mantienen neutrales en términos de carbono. Sin embargo, los ambientalistas tienden a mostrarse más escépticos sobre la compensación del carbono, ya que argumentan que es difícil saber con certeza si estos programas en realidad contrarrestan el impacto de los niveles más elevados de emisiones.

Otra política, presentada por la UE, es el régimen de comercio de derechos de emisión. De acuerdo con este régimen, todas las aerolíneas que operan en Europa deben monitorear y verificar la contaminación que producen y utilizar sus asignaciones para cubrir un cierto nivel de emisiones. La idea es que los permisos para contaminar se vean reducidos con el tiempo, lo que incentivará a recortar las emisiones o a pagar un precio más elevado por ellos. Se ha establecido que estos permisos comiencen a decrecer en 2021 y se terminen en 2068, año que se ha establecido como fecha límite para el objetivo de descarbonizar Europa. Es uno de los planes más ambiciosos del mundo para reducir las emisiones de carbono del transporte aéreo.

## LOS IMPUESTOS SOBRE LA COMIDA BASURA SON JUSTOS

Los impuestos sobre la comida basura se refieren a tributos específicos sobre los alimentos no saludables que contribuyen al desarrollo de la obesidad. Por ejemplo, el que en algunos países se aplica a las bebidas azucaradas o a los productos de alto contenido en grasas, azúcares y/o sal. Estos impuestos animan a comer más saludable y contribuyen a reducir los niveles de obesidad y enfermedad en la sociedad. En los últimos veinte años, la obesidad ha aumentado de manera considerable: solo en Estados Unidos los índices subieron de un 30 % en el año 2000 a un 42 % en 2018. La obesidad no solo conduce a una expectativa de vida más corta y problemas de salud; también conlleva un claro coste económico. En 2006, se estimó que únicamente los costes médicos de la obesidad en Estados Unidos llegaron a 147 mil millones de dólares, lo que implica un gasto adicional medio de 1.429 dólares por persona obesa.

La denominación «impuesto a la comida basura» crea una respuesta emotiva porque parece que exista un elemento de juicio, incluso vergüenza. Un nombre mejor sería «impuesto al azúcar» o «impuesto para comer más saludable». Esta clase de gravamen ha sido considerado injusto porque implica cobrar un gran porcentaje a personas de bajos ingresos. Otro argumento sólido es que el gobierno no tiene derecho a indicar a las personas qué comer o beber. Sin embargo, desde una perspectiva económica, la lógica del impuesto a la comida basura no es avergonzar a las personas o prescribirles qué comer, sino crear un aliciente económico para ser más saludables, vivir mejor y reducir la obesidad en la sociedad.

El primer argumento a favor de un impuesto sobre la comida basura es que, cuando consumes alimentos no saludables, se produce un coste externo. Si las bebidas azucaradas contribuyen al desarrollo de la obesidad y la diabetes, entonces conllevan costes sanitarios más elevados que la sociedad entera deberá pagar. (Esto es particularmente cierto en el Reino Unido o España, donde los servicios nacionales de salud son gratuitos gracias al financiamiento de todos los contribuyentes). No solo hay que considerar los costes sanitarios más elevados, ya que la obesidad y las enfermedades también tienen otras consecuencias económicas: los trabajadores necesitarán ausentarse más tiempo del trabajo debido a enfermedades y, como resultado, caerá su productividad. Cuando comemos comida no saludable, pagamos el precio concreto del alimento, pero los costes a largo plazo en términos de salud y economía se encuentran efectivamente ocultos. Estos costes sanitarios futuros serán pagados por todos los contribuyentes, consuman bebidas azucaradas o no. Si la comida basura ocasiona problemas de salud, gravarlos es una manera de hacer que sus consumidores paguen el coste social total. Otro aspecto de este impuesto es que el precio del mercado es, en ese momento, mucho menor que el coste social. De cierta manera, la sociedad está subsidiando los alimentos no saludables porque el precio de la atención médica lo cubre el contribuyente en lugar del consumidor que compra la comida basura.

En general, a las personas no les agrada pagar impuestos, y nos mostramos especialmente reacios a aceptar nuevos gravámenes. Sin embargo, desde una perspectiva económica, siempre deberíamos pensar en términos de costes de oportunidad. Si rechazamos un impuesto sobre la comida basura que podría recaudar, digamos, diez mil millones de euros, el coste de oportunidad de rechazar ese impuesto es de diez mil millones, que deberemos recaudar con otras formas de tributación (impuesto sobre la renta, ventas, etc.) para pagar los costes de la obesidad y las enfermedades cardíacas. Una forma de hacer que este impuesto sea más aceptado entre los votantes es convertirlo en aplicarle un fin específico, como destinar toda su recaudación a servicios sanitarios. Si el impuesto sobre la comida basura recauda diez mil millones de euros, todo ese dinero extra será destinado a la construcción de hospitales y a la financiación de más tratamientos. Por tanto, podemos ver su claro beneficio: listas de espera más cortas y un mejor sistema de atención médica.

Una crítica a los impuestos sobre la comida basura es que parece que la intervención gubernamental pretende dictar a las personas qué consumir. Sin embargo, esa es una interpretación errónea: todos los ciudadanos cuentan aún con el derecho de decidir qué comen; tan solo deben pagar el impuesto. Si de verdad te gustan las bebidas azucaradas y no te preocupan las posibles consecuencias hacia tu salud, continuarás consumiéndolas. No obstante, si las tomas por una cuestión de hábito, el incremento de impuestos quizá te aliente a consumir menos refrescos y beber agua en su lugar. Una alternativa a este impuesto sería imponer regulaciones gubernamentales que limiten la cantidad de azúcar en las bebidas o restricciones sobre la venta de alimentos no saludables, como hizo el Reino Unido en 2018 o España en 2021 aumentando el porcentaje del IVA para las bebidas azucaradas. Un impuesto evita esta clase de regulaciones y restricciones y deja la situación en manos del mercado. Si de verdad deseas consumir refrescos, puedes continuar comprándolos. La única diferencia es que ahora pagarás un precio más elevado y contribuirás a una recaudación mayor para tu futura atención médica.

Otra crítica a esta clase de impuestos es que son regresivos y tienden a generar desigualdad. Las personas con sueldos bajos se verán relativamente más afectadas por ellos que las que ganen más. Como porcentaje de ingreso, un impuesto como este será intrascendente para los ricos, pero se convertirá en una carga pesada para aquellos con renta baja. En este sentido, el impuesto es discriminatorio; toma una porción mayor de los grupos de bajos ingresos. Sin embargo, esta no es una buena razón para oponerse a él. De cierta manera, todos los bienes son regresivos. Toman una mayor porción de los ingresos de los pobres. Pero no se subsidia a los cigarrillos para que las personas de renta baja puedan costeárselos. Además, si los impuestos generan ganancias para un mejor sistema de salud y/o permiten que otros tributos sean más bajos, esto también beneficiará a las personas con sueldos bajos. Además, aquellos que son más susceptibles a los aumentos de precios (grupos de bajos ingresos) pueden evitar pagar el impuesto escogiendo alternativas más saludables. Si aun así se teme que el tributo aumente la desigualdad, una opción sería utilizar la recaudación de este gravamen sobre la comida basura para reducir otros impuestos regresivos, como el impuesto sobre las ventas. Como alternativa, una parte de los ingresos obtenidos podría utilizarse para ofrecer frutas y verduras subsidiadas para personas de bajos ingresos. De esa manera, podríamos obtener el beneficio del impuesto sobre la comida basura sin sufrir el impacto negativo de la desigualdad.

Otro argumento a favor es que los alimentos no saludables son lo que denominamos bienes deméritos. Se trata de bienes sobre los cuales subestimamos su coste y daño. Nos gustaría perder algunos kilos, pero la comida basura nos resulta barata y muy atractiva. Un impuesto sobre los alimentos no saludables nos motiva a reducir nuestros malos hábitos a la hora de llenar la cesta de la compra. Desafortunadamente, muchos de los productos de alimentación más nocivos suelen ser también los más baratos. Por ejemplo, en Estados Unidos un edulcorante como es el jarabe de maíz se utiliza en abundancia porque hay un exceso en la oferta de este cereal —en parte debido a los subsidios del gobierno—. Para mantener los costes bajos, los fabricantes a menudo añaden jarabe de maíz a los alimentos, y el azúcar es adictivo. Por tanto, tenemos ese incentivo perverso de que los alimentos menos saludables son los más baratos. Un impuesto sobre el azúcar restaura el equilibrio y nos impulsa a comer alimentos más saludables y a bajar de peso.

Un buen ejemplo de un impuesto sobre un bien demérito es el del tabaco. En el periodo de posguerra, el gravamen sobre el tabaco a lo largo del mundo desarrollado se propagó con más rapidez que la inflación. La perspectiva convencional es que los impuestos no disminuyen la demanda, pero este punto de vista es erróneo; a largo plazo, los impuestos sobre el tabaco han desempeñado un papel importante a la hora de reducir los índices de tabaquismo de manera significativa. Por ejemplo, la tasa de fumadores de cigarrillos en Estados Unidos cayó de un 42 % en 1965 a un 13,7 % en 2018. Existen varios factores que explican esta bajada, como el cambio en la opinión pública hacia el tabaquismo y también las restricciones sobre la publicidad de cigarrillos. Sin embargo, un impuesto más elevado es prácticamente un factor determinante. Las críticas a gravar la comida basura son similares a las de los impuestos sobre el tabaquismo del periodo de posguerra, pero durante las últimas décadas han tenido mucho éxito.

Otra ventaja de los impuestos es que pueden animar a que los fabricantes de alimentos produzcan opciones más saludables. Cuando se grava cierto nivel de azúcar en una bebida, la experiencia indica que muchos fabricantes responden reduciendo la cantidad de esta sustancia en sus productos. Por tanto, el impuesto logra cambiar la fabricación y los hábitos alimentarios a largo plazo.

Resulta importante señalar que los impuestos sobre la comida basura no representan una panacea. La obesidad y las enfermedades son causadas por muchos factores más que solo las calorías y los ingredientes. Además, el éxito de una tasa de esta clase depende de otras medidas implementadas de manera simultánea. Un impuesto sobre la comida basura será más efectivo si se combina con campañas de salud pública que resalten los beneficios de una dieta más saludable y que señalen qué alimentos no lo son. Por ejemplo, en Chile —y recientemente en muchos países de la UE, como España, que han adoptado el sistema Nutriscore—, el gobierno logró un éxito considerable alertando sobre los productos no saludables mediante una etiqueta que muestra un semáforo e involucrando a las escuelas para alentar al consumo de alimentos más sanos. Es posible que, por sí solo, un impuesto sobre la comida basura solo ejerza un impacto limitado a la hora de bajar los niveles de obesidad, pero, como parte de un conjunto de medidas, puede brindar muchos beneficios a la sociedad. Y también es una manera muy justa de obtener ingresos fiscales.

## PROTEGER EL MEDIOAMBIENTE CREARÁ NUEVOS PUESTOS DE TRABAJO, NO LOS ELIMINARÁ

La naturaleza se enfrenta a numerosos desafíos graves provocados por la contaminación, desde el calentamiento global hasta la pérdida de tierras de cultivo. Proteger el medioambiente implica modificar la conducta de empresas y consumidores. Se deberá llevar a cabo un cambio radical en el patrón de la economía; por ejemplo, dejar de depender de los combustibles fósiles y comenzar a crear energía proveniente de fuentes alternativas. A corto plazo, esta enorme transformación afectará a los empleos de aquellas industrias que estén siendo desmanteladas. Los mineros se verán amenazados por el cierre de las explotaciones de carbón y finalmente se quedarán sin trabajo. Sin embargo, los ambientalistas y defensores de un nuevo pacto verde argumentan que cambiar la estructura de la economía no eliminará puestos de trabajo, sino que simplemente los trasladará de industrias que dañan el medioambiente a otras que sean menos nocivas. Por ejemplo, para reemplazar los combustibles fósiles, el gobierno y/o las empresas energéticas pueden invertir en energías alternativas, como la solar o la eólica. Esto creará una oleada nueva de empleos en sectores como la construcción, el mantenimiento y la investigación y desarrollo en esas industrias. La idea de que proteger el medioambiente conducirá a la pérdida de empleos es similar a la falacia ludita (véase p. 13), porque se centra solo en un aspecto en declive de la economía.

Hasta cierto punto, proteger el medioambiente no es diferente de los cambios a largo plazo que atraviesa la economía de todas maneras. Incluso sin la implementación de ninguna política en particular, las condiciones del mercado están conduciendo a una caída de algunas industrias de combustibles fósiles y a un crecimiento de las tecnologías energéticas. Esta evolución de la economía simplemente está cambiando las áreas en las que se crean los empleos. Un nuevo pacto verde buscaría acelerar este cambio para que se produzca más rápido la adopción de una economía más sostenible. Los partidarios de nuevos acuerdos ecológicos argumentan que existen numerosas maneras de proteger el medioambiente mientras se crean empleos. Por ejemplo, el gobierno podría proponer inversiones de dinero para mejorar el sistema de aislamiento de los hogares. Esto crearía empleo para aquellos cuyo trabajo es instalar aislante térmico en paredes y cubiertas, dobles cristales, etc., medidas que conducirán a una demanda menor de energía porque la climatización será más eficiente. Se podría argumentar que el coste de esa propuesta lo pagará el contribuyente, pero, si el aislamiento funciona y disminuye la factura de calefacción, los hogares contarán con mayores ingresos disponibles. De esta manera, aumentará la cantidad de dinero que pueden gastar en otros bienes y productos de la economía, lo que a su vez creará nuevos empleos en el sector servicios.

Otra forma de promover la protección medioambiental puede ser implementar una estrategia de movilidad diferente; por ejemplo, desalentar la utilización de automóviles en los centros de las ciudades e invertir en el transporte público. Las tiendas locales temerán que, al disminuir el uso de automóviles, se produzca una caída en sus negocios, ya que los consumidores se mantendrán alejados. Esta es una posibilidad, pero al mismo tiempo las ciudades y pueblos que implementan áreas peatonales ven cómo sus centros se vuelven más atractivos para las personas. Preferimos comprar y disfrutar de servicios en calles donde no hay mucha congestión ni contaminación. A corto plazo, existen costes económicos de desalentar el uso de automóviles, pero, si se mejora el transporte público y se crean áreas exclusivas para peatones, esto podría hacer que una zona céntrica se vuelva mucho más atractiva para visitar. A largo plazo, esto beneficiará a las tiendas locales; por ejemplo, permitirá que surjan nuevas cafeterías al aire libre.

Una importante causa de preocupación es el estado actual del sector agrícola. Los métodos modernos de agricultura han generalizado el uso intensivo de antibióticos en el ganado y de fertilizantes y pesticidas químicos. La utilización de estos químicos es nociva para el medioambiente: las poblaciones de insectos —en especial las abejas— han decrecido drásticamente, y se cree que es consecuencia directa del uso de pesticidas. La contaminación y el daño al medioambiente podrían corregirse adoptando métodos más orgánicos de agricultura, que no utilizan químicos y fomentando formas tradicionales para tratar las plagas. A los agricultores les preocupa que una prohibición general sobre el uso de pesticidas y fertilizantes los deje sin competitividad y los lleve a cerrar sus negocios.

Sin embargo, se puede dar una situación diferente. Si un agricultor intentara evitar los químicos, tal vez se encuentre en una posición de desventaja frente a otros agricultores de la industria. Pero si se incrementaran los estándares para todo el sector agrícola, entonces todos estarían en la misma situación.

Todos los agricultores tendrán costes diferentes y, por tanto, los precios se ajustarán para reflejar las prácticas más respetuosas con el medioambiente. Se podría generar un problema si un país adoptara una protección medioambiental más estricta que la de sus vecinos. En ese caso, los agricultores —y otros sectores— se volverían menos competitivos. Esto significa que la mejor opción es que los países y los bloques comerciales intenten acordar normativas internacionales para que no haya incentivo alguno en socavar a otros países bajando los estándares medioambientales.

Incluso aunque un país se arriesgara a establecer niveles medioambientales más altos que otros, esto no tiene por qué conducir a una situación de mayores pérdidas de empleo. Proteger la naturaleza conlleva beneficios sociales y hace que el país sea más atractivo como destino turístico. Por ejemplo, las naciones que establecen elevados estándares ambientales sobre los residuos y el agua se ganarán una buena reputación en sostenibilidad y atraerán a más turistas.

Un componente clave del nuevo pacto verde es la meta de hacer que los países adopten energías de residuo cero. Por ejemplo, los defensores del pacto verde de Estados Unidos esperan que la adopción de la energía limpia al 100 % para el año 2030 se pueda lograr imponiendo un elevado impuesto sobre el carbono. Una idea sería establecer un impuesto que comience en sesenta euros por tonelada métrica de emisiones de $CO_2$, y luego elevarlo cada año hasta alcanzar los 259 euros para el año 2030. El argumento es que esa tasa tan elevada haría que el carbón y los combustibles fósiles fueran inviables desde el punto de vista económico, lo que cambiaría la producción energética hacia métodos más limpios que no emiten dióxido de carbono. Un impuesto tan elevado conduciría a una caída abrupta del empleo en las industrias actuales de combustibles fósiles, como la minería y la producción de gas natural, provocando un desempleo estructural momentáneo. Los trabajadores de las industrias tradicionales de los combustibles fósiles encontrarían dificultades para trasladarse de manera fluida de su antiguo empleo hacia uno nuevo en la industria de la eficiencia energética. Sin embargo, el impuesto también crearía un aumento en la inversión de tecnologías alternativas. En general, los nuevos empleos creados reemplazarán los puestos de trabajo destruidos.

Otro aspecto de la protección ambiental es que la pérdida de empleo y el empobrecimiento de los estándares de vida ocurrirán incluso aunque no tomemos los pasos necesarios para cuidar el medioambiente. Por ejemplo, muchos países están siendo testigos de señales preocupantes de desertificación. El calentamiento global y la utilización excesiva del agua están convirtiendo los terrenos en inhabitables y no utilizables, y los agricultores de estas áreas frágiles se ven forzados a migrar. Sus fuentes de sustento tradicionales sufren la amenaza del calentamiento global y la degradación del medioambiente. Otra preocupación es la caída de la población de abejas, que pone en jaque a todo el sector agrícola. Sin estas y otros insectos polinizadores, los agricultores experimentarán problemas severos para hacer crecer sus cultivos habituales. Esto provocaría una verdadera devastación; mucho más preocupante que unos pequeños cambios en cómo se cultiva la tierra. Asimismo, virus como el covid-19 se han originado en el reino animal, y los científicos creen que existe una conexión sólida entre algunas prácticas agrícolas y comerciales y la propagación de enfermedades a la población humana. El covid-19 ha sido devastador para las economías, y ha provocado pérdidas de empleo en todo el mundo. A menos que elevemos los estándares de las prácticas agrícolas y ambientales, podríamos ver cómo muchos virus animales se trasladan a los seres humanos con consecuencias catastróficas. Alterar el ecosistema natural puede dejar a los humanos en una situación de vulnerabilidad.

## RECICLAR ES BUENO

El reciclaje va enfocado a limitar los costes medioambientales de la producción y el consumo de materias primas. Se trata de una medida que ahorra energía, protege los suministros de productos primarios, reduce la cantidad de vertederos y fomenta una actitud más consciente hacia la naturaleza. Las posturas críticas argumentan que algunos materiales como el plástico son difíciles e ineficientes de reciclar y que la mejor manera de reducir el daño al medioambiente no reside en esta práctica, sino en limitar el consumo y/o reutilizar productos. En general, si bien el reciclaje no es una panacea para la naturaleza, puede ayudar a contribuir con la protección de los recursos escasos.

La primera ventaja de reciclar es que contribuye a limitar el número de vertederos. De acuerdo con el Banco Mundial, las emisiones provenientes de los basureros representan el 5 % de los gases de efecto invernadero del mundo; ese es un coste externo elevado de enterrar nuestros desperdicios. La segunda cuestión es que depositar los residuos en vertederos requiere de extensiones considerables de terreno que quedarán afectadas y contaminadas por muchos años. A medida que el mundo experimenta aumentos en los ingresos y en el consumo, la demanda de vertederos se multiplica cada vez más. El Banco Mundial estima que la producción total mundial de desperdicios se incrementará de 1,3 mil millones de toneladas en 2012 a 2,2 mil millones de toneladas en 2025 y continuará creciendo en los siguientes años. Reciclar considerablemente más ayudará a reducir la cantidad de residuos que terminan en vertederos. Otro problema de los vertederos es que su demanda es mucho mayor en ciudades de gran concentración de habitantes, donde los terrenos escasean. Por tanto, cada vez más deberán ser trasladados a áreas remotas, ya que nadie quiere vivir cerca de uno.

Una segunda ventaja de reciclar es que puede ahorrar energía, reducir las emisiones de carbono y preservar preciadas materias primas no renovables. Esto es particularmente evidente para algunos materiales. Por ejemplo, reciclar una tonelada de latas de aluminio utiliza un 95 % menos energía que la que se requiere para extraer, transportar y refinar el mineral y producir la misma cantidad. Una tonelada de papel reciclado ahorra 4.100 kWh (kilovatios hora), el equivalente a nueve barriles de petróleo. Aunque se consume energía en el proceso de reciclaje en sí mismo, en general es menor que la utilizada para fabricar la materia prima desde cero.

Cabe destacar que el reciclaje era una actividad muy común antes de la Segunda Guerra Mundial, cuando las personas recopilaban latas y botellas para reciclar. (A los hogares se les solía pagar una cantidad pequeña por recolectar productos usados). En el periodo de posguerra, los ingresos aumentaron de manera significativa, de modo que el incentivo para guardar botellas a cambio de pequeños pagos (algunos céntimos) decayó y se volvió más fácil desecharlas. Pero esta situación representa un problema de afluencia, ya que renunciar a estos pequeños pagos puede hacernos olvidar los beneficios del reciclaje. Asimismo, no se trata solo del valor de los materiales reciclados; cuando arrojamos desperdicios a los vertederos, ignoramos los costes externos involucrados en la expansión de estos lugares, que causan contaminación, uso excesivo de energía y reducen las cantidades de materias primas limitadas. Reciclar requiere algo de esfuerzo e inversión, pero brinda beneficios externos para la sociedad que pueden no tenerse en cuenta si se sigue un enfoque puramente de libre mercado.

Reciclar es particularmente importante para productos como teléfonos móviles. Las baterías de estos dispositivos contienen químicos que provocan un impacto grave sobre el medioambiente. Si se arrojan en vertederos, estos componentes nocivos pueden filtrarse hacia los suministros de agua. Reciclar dispositivos electrónicos como estos resulta esencial para el descarte seguro de materiales potencialmente tóxicos. Además, los teléfonos móviles utilizan metales preciosos como el oro, el cobre, el tungsteno y el níquel, por lo que reciclarlos puede ser más rentable que desecharlos. Sin embargo, a pesar de estos beneficios, miles de estos aparatos se tiran a la basura común todas las semanas.

Incluso con un enfoque de libre mercado puede haber incentivos para reciclar. El economista Pieter van Beukering (nacido en 1967) observó que los países menos desarrollados suelen contar con una demanda mayor de reciclaje de desperdicios porque la reducción de costes en la producción de papel reciclado, por ejemplo, es más valiosa para sus empresas que para las de economías desarrolladas. Una crítica legítima hacia el reciclaje global es que se ha instaurado una tendencia en la que el mundo desarrollado paga para que el mundo en vías de desarrollo se ocupe de sus desperdicios; en otras palabras, envían el reciclaje al «extranjero». Algunos detractores de esta práctica argumentan que es injusto: las naciones ricas efectivamente están exportando sus residuos. Pero, por otro lado, si los países en vías de desarrollo están dispuestos a procesar desperdicios es porque tienen un interés financiero en tratarlos para después vender productos reciclados.

Una crítica hacia el reciclaje es que no todos los materiales pueden ser reutilizados con la misma eficiencia y eficacia. Por ejemplo, el residuo más ampliamente producido, el plástico, en realidad es bastante complicado de reciclar de forma rentable. El plástico se degrada tras su uso, y para los fabricantes es más barato crear plástico nuevo (directamente del petróleo) que pagar el coste de selección, limpieza y reciclado. Incluso hoy en día algunas clases de plástico son muy complejas de reciclar. Otro problema es que el suministro de plástico descartable supera en gran cantidad la demanda de plástico reciclado de baja calidad. Una ironía del éxito de las propuestas de reciclaje es que ha provocado el aumento de productos reciclados, lo que ha causado a su vez que el precio de los materiales reciclados caiga, haciendo que estas propuestas sean menos rentables.

Algunas prácticas de reciclaje han sido víctimas de su propio éxito. En realidad, mucha cantidad del plástico que se envía al contenedor amarillo termina en vertederos porque no hay incentivos para que alguien los recicle. Por ejemplo, en Estados Unidos, la Agencia de Protección Ambiental (EPA, por sus siglas en inglés) indica que menos del 10 % del plástico se recicla activamente, y la gran mayoría termina en basureros. Larry Thomas, expresidente de la Sociedad de la Industria del Plástico, admite que las compañías de su sector invirtieron de manera considerable en promover la idea de que es un material reciclable —lo que implicó colocar un logo universal de reciclado en sus productos plásticos—. Pero el simple hecho de que se pueda reciclar no significa que se lleve a cabo en la práctica. Como consumidores, probablemente tengamos una actitud positiva hacia el plástico si tiene el logo que indica que lo podemos tirar en un contenedor de reciclaje. Pero, si supiéramos la poca cantidad que finalmente se recicla, ¿querríamos emplear tanto tiempo limpiando y categorizando productos en nuestros cubos de basura?

Algunos ambientalistas sostienen que reciclar es en gran medida una solución de segunda categoría y que, en el peor de los casos, puede justificar la producción innecesaria de plástico de un solo uso. Una mejor manera de gestionar recursos escasos y reducir las externalidades de la contaminación es cambiar nuestros hábitos básicos. Esto puede implicar reducir el consumo, beber agua del grifo en lugar de embotellada, por ejemplo, o fomentar la reutilización en lugar del reciclaje. Economistas de creencias libertarias como Steven Landsburg (nacido en 1954) y Mike Munger (nacido en 1958) se inclinan más por ignorar las externalidades del reciclaje y enfocarse en el tiempo que deben emplear los individuos en clasificar los desechos. Algunos libertarios argumentan que destinar más terreno a los vertederos vale la pena para ahorrar las horas desperdiciadas en la clasificación de residuos; en especial cuando afirman que el reciclaje en realidad no es tan beneficioso como lo publicitan.

Sin embargo, la economista finlandesa Anni Huhtala ofrece una perspectiva diferente. Señala que en Finlandia las tasas de reciclaje son muy elevadas (50 %), lo que brinda fuertes beneficios ambientales y sociales. También afirma que resulta erróneo considerar tan solo el precio del mercado de los materiales reciclados porque debemos incluir los beneficios externos de reciclar (menos contaminación, menos vertederos, etc.). Destaca que, cuando las comunidades locales se comprometen con el proyecto de reciclar, se fomenta un enfoque mucho más respetuoso con la naturaleza en general. Si las personas se involucran en el proceso de reciclaje, resulta más fácil promover otras conductas que beneficien el medioambiente, como la reducción del consumo o la reutilización y la selección de productos que tengan menos costes externos. En otras palabras, Huhtala propone un enfoque económico que busca ignorar la perspectiva egoísta y de libre mercado para reemplazarla por otra que valore los beneficios sociales y las externalidades ambientales. Además, esta economista menciona otra ventaja de reciclar: el valor intrínseco que obtenemos de la actividad en sí misma. Si arrojamos una botella de plástico en un vertedero, quizá nos sintamos culpables o incómodos. Si hacemos el esfuerzo de desecharla en un contenedor de reciclaje, sentimos que estamos contribuyendo al cuidado del medioambiente. Por lo tanto, en lugar de perder nuestro tiempo, ganamos la utilidad del acto de reciclar en sí mismo.

En un mundo ideal, encontraríamos maneras de reducir el consumo y reutilizar todo lo que sea posible, pero esto no significa que debamos ignorar el papel que el reciclaje puede cumplir a la hora de disminuir la contaminación y el uso de recursos no renovables. El reciclaje definitivamente no es una solución mágica para los problemas ambientales, pero puede brindar una contribución pequeña para reducir el uso de energía y los gases de efecto invernadero, así como limitar la utilización de recursos no renovables.

## ¿EL CRECIMIENTO ECONÓMICO ESTÁ DAÑANDO EL MEDIOAMBIENTE?

Tradicionalmente, el crecimiento económico ha conllevado varios costes para el medioambiente. Los niveles más elevados de producción y consumo conducen a una utilización mayor de recursos que son escasos y a un incremento en externalidades como la contaminación y otros daños hacia la naturaleza. Por ello, algunos ambientalistas sugieren que debemos reducir o incluso detener el crecimiento económico por completo. Este es un concepto desafiante porque nos hemos acostumbrado a la expansión económica, que ofrece ingresos más elevados y permite inversiones en áreas como la atención médica. Debido a que el concepto del crecimiento económico nulo es muy poco popular, algunos economistas ambientales consideran que una mejor estrategia sería promover una forma de expansión que no dañe el medioambiente, sino que combine a la vez el avance de la economía y la protección de la naturaleza.

Es indudable que el crecimiento económico incesante —unido al de la población— durante los últimos doscientos años ha generado demandas excepcionales para el medioambiente global. La industrialización de Occidente —y más tarde de Oriente— ha conducido a un aumento en la contaminación y en la utilización de recursos no renovables, lo que ha provocado una tensión sin precedentes en muchos ecosistemas, como hábitats naturales, selvas y tierras de cultivo. Para ejemplificar el daño ambiental, existe una sólida correlación entre las emisiones de $CO_2$ y el desarrollo económico. Por ejemplo, Etiopía, que tiene un bajo PIB per cápita, cuenta con emisiones de dióxido de carbono de 0,2 toneladas. Comparemos esa cifra con las 17,5 toneladas per cápita de Estados Unidos.

Si Etiopía experimentara un crecimiento económico prolongado y comenzara a alcanzar los estándares de vida de Estados Unidos, esperaríamos un alza similar en emisiones de $CO_2$. El crecimiento económico permitiría que los etíopes compraran automóviles, y unos niveles más elevados de consumo conducirían a un incremento generalizado de la producción, del turismo y del comercio. Todo esto impactaría negativamente en el medioambiente a través de más emisiones de gases de efecto invernadero y una mayor utilización de tierras escasas. Otro ejemplo: a medida que aumentan los ingresos, la demanda de alimentos «de lujo» como carne y lácteos tiende a incrementarse. Esto hace que crezca el incentivo de talar selvas para destinar el terreno al pastoreo de ganado y al cultivo. Destruir estos hábitats provoca un declive en la capacidad que tiene la tierra de absorber las emisiones de carbono causadas por las mejoras de la economía. La tasa más elevada de crecimiento económico ejercerá una presión mayor sobre las selvas restantes. De acuerdo con la Organización de las Naciones Unidas para la Alimentación y la Agricultura (FAO, por sus siglas en inglés), se estima que se han perdido unos 420 millones de hectáreas de selva desde 1990. El continuo crecimiento económico y la mayor demanda de alimentos probablemente conlleve mayores pérdidas.

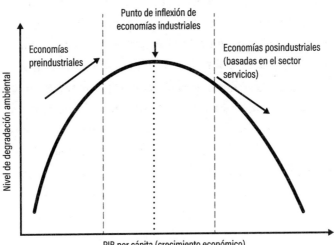

**Curva de Kuznets**

Una teoría sobre el crecimiento económico y el medioambiente es la denominada curva de Kuznets. Su hipótesis afirma que, durante las primeras etapas del desarrollo económico, existe un conflicto directo con el medioambiente. Un nivel mayor de producción genera diversos costes económicos y tipos de contaminación. Sin embargo, llega un punto en el que un mayor crecimiento económico conduce a una mejor situación ambiental. La razón que explica este fenómeno es que, a medida que se desarrollan las economías, superan la industria pesada contaminante y se centran más en el sector servicios, que es menos intensivo en materia de recursos. En segundo lugar, una productividad mayor ayuda a que la economía se vuelva más eficiente, y esto conduce a una emisión relativamente menor. En tercer lugar, conforme la sociedad se desarrolla y los ingresos aumentan, las personas comienzan a darse el lujo de desear un medioambiente más sano. Cuando tus ingresos son muy bajos, tu principal preocupación es conseguir alimentos. Pero cuando ganas más dinero, cuestiones como la calidad del aire y del ambiente se vuelven más importantes. Por lo tanto, en una situación de mayor crecimiento económico, los gobiernos están dispuestos a implementar medidas que mejoren el medioambiente, como prohibir automóviles diésel en los centros de las ciudades y fomentar energías más limpias. Por ejemplo, en 2020, un país como el Reino Unido tenía emisiones de $CO_2$ más bajas que las que tenía a principios del siglo XX debido a una caída en el uso de carbón. Muchas economías occidentales prohibieron la quema de carbón en los centros urbanos como una forma de mejorar la calidad del aire.

Sin embargo, la hipótesis de la curva de Kuznets encuentra críticas muy sólidas. En primer lugar, lo que sucede es que las economías posindustriales tienden a exportar cada vez más su contaminación a otros países. Por ejemplo, el sector industrial se trasladó de Europa occidental y Estados Unidos al sureste de Asia, lo que mejoró la calidad del aire al efectivamente exportar la contaminación. Por ello, una mejor guía que la curva es vincular los costes ambientales al consumo y no únicamente a la producción. También se cuestiona el éxito de los países avanzados en promover mejores resultados ambientales. Es cierto que algunos tomaron medidas efectivas para combatir el esmog visible y la contaminación que observaban en el agua. Sin embargo, muchos costes ambientales resultan pasan desapercibidos. Por ejemplo, de acuerdo con datos del Instituto de Métrica y Evaluación Sanitaria (IHME, por sus siglas en inglés), Estados Unidos tenía un número estimado de 105.083 muertes relacionadas con la contaminación del aire en 2016, mientras que la cifra en Japón era de 47.703. Durante los cierres económicos de 2020, se observaron mejoras drásticas en la calidad del aire en China y en el resto del mundo; la caída en la producción sin dudas salvó muchas vidas. Podemos tener éxito limpiando la contaminación visible, pero solemos ignorar la que no se observa a simple vista. Los costes económicos menos visibles también incluyen el incremento de radiación y de partículas de plástico en el medioambiente.

Una cuestión fundamental es hasta qué punto los avances de la tecnología pueden brindarnos lo mejor de ambos mundos: un PIB más alto y, al mismo tiempo, un medioambiente más sano. Por ejemplo, si se reemplaza la energía proveniente de combustibles fósiles por renovables como la solar, la eólica y los biocombustibles, veremos una reducción de los costes ambientales que no perjudicará al crecimiento económico. Otra opción sería apostar por la carne cultivada: los científicos albergan cada vez más esperanzas de que las células de carne puedan crecer en laboratorios en lugar de requerir un uso intensivo de la tierra.

Los defensores de un nuevo pacto verde sugieren que las políticas activas para mejorar la naturaleza y atacar la contaminación ambiental pueden conducir a una mayor inversión, a la creación de nuevos puestos de trabajo y a un aumento de los ingresos. Proponen mejorar el aislamiento de las viviendas o cobrar impuestos por el uso de botellas de plástico para financiar la limpieza de este material presente en los cursos de agua. Estas políticas, además, incrementan la producción económica mientras mejoran el medioambiente. Una inversión considerable en energías renovables fomentaría más descubrimientos tecnológicos, lo que redundaría en una mejora sostenida en la naturaleza. Hay espacio tanto para el crecimiento económico como para un mejor medioambiente, pero esto no puede suceder únicamente gracias a las fuerzas del mercado. Es posible que sea necesaria la intervención gubernamental para guiar a la naturaleza y a la clase de crecimiento económico que buscamos lograr.

Sin embargo, los críticos del crecimiento económico argumentan que, si bien algunas tecnologías limitan los costes ambientales, en general se utilizan como tapaderas para ocultar el incesante incremento del consumo y del daño ambiental. Por ejemplo, a pesar de que existe una mayor conciencia sobre la contaminación del plástico y se realizan más esfuerzos por reciclarlo, la demanda de este material continúa en aumento, y sus micropartículas se depositan en nuestro medioambiente —océanos incluidos— a un nivel cada vez mayor. Incluso las llamadas tecnologías limpias, como la energía solar, requieren de la utilización de algunos combustibles fósiles para su producción. Si queremos mejorar nuestro medioambiente, debemos pensar más allá del crecimiento económico y conformarnos con estándares de vida satisfactorios. Algunos ecologistas creen que, para las economías avanzadas como las occidentales, un crecimiento económico mayor solo ocasionará más costes que beneficios. Los países en vías de desarrollo necesitan el crecimiento económico para ayudar a reducir la pobreza, pero para el mundo desarrollado la meta debería trasladarse del PIB hacia mejoras sostenibles en los estándares de vida y en la felicidad.

El modelo de crecimiento cero invita a la reflexión y no es necesariamente la única opción. Crecer más puede ser compatible con mejores resultados ambientales, pero requiere un enfoque cuidadoso que imponga regulaciones sólidas y ofrezca incentivos para priorizar el medioambiente.

# 6

# Mitos del negocio

## LA REVENTA DE ENTRADAS ES MALA

En la cultura popular, los revendedores de entradas se suelen considerar agentes caprichosos que explotan al consumidor, y nuestra reacción instintiva es pensar que funcionan en contra del interés público. Pero supongamos que realmente te encanta un grupo musical y estás desesperado por verlo: ¿por qué no deberías tener la oportunidad de comprar una entrada por un coste que estás dispuesto a asumir? Quizá no te agrade pagar más que el precio del mercado, pero la alternativa es que te pierdas el concierto. Por tanto, se podría afirmar que la reventa de entradas aumenta la eficiencia porque brinda más opciones a los consumidores.

Desde un punto de vista económico, la reventa simplemente responde a las fuerzas del mercado. Si se agotan las entradas para un partido de fútbol, por ejemplo, habrá muchos fanáticos que querrán asistir, pero que no conseguirán entradas. Supongamos que es una final de fútbol, y hay un hincha de toda la vida que lleva cuarenta años esperando una oportunidad para ver jugar a su equipo, pero todas las entradas están vendidas. En ese caso, se presenta un mercado potencial porque una persona que tiene una entrada podría vendérsela a un apasionado del fútbol. Si el precio oficial de la entrada fue de cincuenta euros, el hincha quizá esté dispuesto a comprarlo por cualquier precio hasta trescientos euros. Ahora bien, supongamos que el revendedor accede a venderlo por cien euros: él obtiene una ganancia de cincuenta, y el aficionado también está feliz, ahora que podrá ver el partido, incluso por un precio menor del que estaba dispuesto a pagar. En economía, decimos que su excedente de consumidor (bienestar económico) es de doscientos euros (300 − 100). El precio oficial no tiene relevancia para el hincha. Lo importante es que obtiene un gran aumento de su bienestar gracias a la compra de la entrada de reventa. Prohibir la reventa le quitaría esa posibilidad.

Aunque la situación varía según el país, con los clubes de fútbol del Reino Unido, por ejemplo, prohibir expresamente la reventa no autorizada, desde un punto puramente económico, realmente no marca ninguna diferencia en lo que respecta al club. Tras decidir vender las entradas a cincuenta euros, al club probablemente no le interese quién las utilice; ya sea la primera persona que la compró o el aficionado de toda la vida, las ganancias son las mismas. En todo caso, se podría argumentar que es mejor que asista un hincha, que está muy motivado y que gritará y alentará a su equipo, que aquel más indiferente que estaba dispuesto a venderla por cien euros. De modo que, desde una perspectiva económica, podríamos considerar a los revendedores como jueces que ayudan a redistribuir entradas a aquellos que realmente desean estar allí.

Sucede algo similar cuando un subastador vende obras de arte a aquellos que están dispuestos a pagar el precio más elevado. Los artistas famosos saben que su reputación impulsará las ventas en las subastas, como es el caso de pintores fallecidos como Van Gogh, cuyas piezas de arte son escasas. En una situación como esa, la casa de subastas se asegura de que solo aquellos que valoren las obras puedan comprarlas, en lugar de alguien que simplemente cree que las pinturas son bonitas. Por lo tanto, el subastador está cumpliendo con un papel útil y está valiéndose de las fuerzas del mercado para obtener el máximo precio posible por una obra de arte. Un revendedor de entradas se rige por el mismo principio: subasta un bien limitado del mercado a aquellos que están dispuestos a pagar el precio más elevado. Pero nadie se queja de que un subastador utilice las fuerzas del mercado para obtener el precio más alto posible por obras de arte limitadas.

Estas situaciones demuestran que hay argumentos sólidos no solo para permitir la reventa, sino para fomentarla. Sin embargo, en el mundo real, hay otros factores a tener en consideración. En primer lugar, la posibilidad de revender a un precio más alto puede alentar a los revendedores a comprar activamente grandes cantidades de entradas, específicamente para colocarlas por sumas más elevadas. El aficionado que estaba dispuesto a pagar trescientos euros podría haber conseguido una entrada a precio oficial, pero el revendedor fue más organizado y reservó mil entradas simplemente para obtener ganancias de aquellos dispuestos a pagar un precio más elevado. Si el revendedor realiza mal los cálculos, quizá no logre vender las mil entradas a doscientos euros. Pero, siempre y cuando logre una ganancia general, no le interesará quedarse con cien entradas sin vender.

La reventa también es semilegal, de modo que los consumidores que recurren a ella pueden sentirse inseguros con respecto a la validez de su entrada. ¿Pueden confiar en el revendedor? Existen casos de personas que compraron entradas muy caras a revendedores y luego no pudieron acceder al evento, lo que representa un problema grave para los compradores. Esto también crea un ambiente de incertidumbre y desconfianza, lo que dificulta la venta para los revendedores —que adquirieron entradas legítimas—. De manera irónica, este problema podría resolverse si la reventa fuera legal y estuviera más regulada.

Pero esta práctica también suscita otra pregunta: si hay un exceso en la demanda, ¿por qué la empresa que vende las entradas no aumenta el precio? ¿Por qué se fijan los precios de los conciertos siguiendo el equilibrio del mercado? ¿Por qué los clubes de fútbol no establecen un precio de mercado considerablemente más elevado que cincuenta euros? La razón es que los eventos deportivos y los conciertos de música van mucho más allá de la economía y el objetivo de maximización de ganancias. Cuando los músicos dan un concierto, sienten que están ofreciendo una parte de su talento artístico y desean compartirlo con su comunidad de una manera justa. Es como celebrar una boda con una capacidad máxima de quince invitados debido a las restricciones del covid-19. Puedes vender entradas para tu boda a aquellos dispuestos a pagar el precio más alto, pero no quieres hacer eso; invitas a las personas que sientes que merecen asistir. Tal vez haya algunos amigos dispuestos a pagar, pero, para una boda, un mercado sería inapropiado y socavaría el espíritu del evento. Es posible que los músicos se sientan de una manera similar con respecto a sus conciertos; quieren establecer un precio razonable, uno que no desaliente a sus apasionados seguidores de bajos ingresos. Cuando se involucra un revendedor y establece un precio elevado, los artistas reaccionan de manera negativa, ya que creen que la conducta de maximización de ganancias de un revendedor está en las antípodas del espíritu del evento musical.

Sucede un problema similar con los clubes de fútbol. La persona que está dispuesta a pagar trescientos euros por una entrada puede ser un hincha apasionado que disfrutará gastándose los ahorros de su vida o simplemente una persona rica de ingresos altos. En este caso, los revendedores estarán redistribuyendo los asientos limitados del estadio entre los más pudientes, y el deporte se volverá más elitista. Los clubes de fútbol fácilmente podrían incrementar el precio de las entradas, pero son conscientes de la necesidad de mantenerlos en una cifra razonable, incluso para las personas de bajos ingresos de sus comunidades. Esto crea una tensión entre las economías de libre mercado y los objetivos que van más allá de la maximización de las ganancias. La música, los deportes y la cultura tienen un significado que trasciende las ganancias. Un revendedor interrumpe este intento de crear un campo de juego equitativo para los aficionados.

El mercado digital también ha transformado el modelo de reventa. El antiguo método de hacer cola era en sí mismo una manera de seleccionar a aquellos consumidores que realmente deseaban comprar una entrada; el apasionado seguidor estaba dispuesto a pasar horas guardando cola para conseguirla. Se podría afirmar, por supuesto, que los revendedores proveen un servicio para aquellos que, debido a compromisos laborales, no disponen de tiempo suficiente para esperar en una fila.

Sin embargo, los modernos sistemas de venta permiten que las entradas se vendan de inmediato —a menudo en cuestión de minutos—. Por lo tanto, las entradas suelen distribuirse por azar. ¿Tienes la suerte suficiente de entrar a tiempo en el sistema de venta? En este caso, se podría afirmar que la reventa se lo pone más fácil a aquellos aficionados que realmente quieren asistir al evento, pero que no han tenido suerte en la lotería. Por otro lado, al acaparar un gran número de entradas, los revendedores se lo ponen aún más difícil a los verdaderos fans y pueden aumentar los precios debido al aumento de la demanda.

## LOS DIAMANTES VALEN MÁS QUE EL AGUA POTABLE

La paradoja del valor observa que el precio del mercado de un diamante es considerablemente mayor que el del agua potable, pero los diamantes no son esenciales para la vida, y el agua sí. A primera vista, esto podría sugerir que valoramos los «bienes ostentosos» como los brillantes más que las necesidades. Sin embargo, el precio del mercado es tan solo un indicador del valor social que le otorgamos a diferentes bienes. Un mejor indicador es el gasto total que realizamos en diamantes y agua. En nuestra vida, quizá solo compremos un único diamante, pero compramos agua todos los días.

Si el precio de un diamante es de dos mil euros, eso indica que las personas que adquieren uno le otorgan un valor elevado a ese brillante en particular. Sin embargo, si compráramos tan solo un diamante en nuestra vida entera, entonces el valor total que le otorgaríamos sería de tan solo dos mil euros: a lo largo de setenta años, gastamos 28,60 euros al año en diamantes. Por contraste, si gastáramos 0,60 euros al día en agua potable, esa cifra quizá no parezca mucho, pero en un año habremos gastado 219 euros. Y una vida de setenta años daría un total de 15.330 euros.

Una diferencia entre el agua y los diamantes es algo que se denomina utilidad marginal. Es el valor que obtenemos por el consumo de una unidad adicional. Si compras un brillante como regalo de boda para tu pareja, tendrá un valor muy elevado. Sin embargo, si ya tienes seis, un séptimo solo te brinda un valor mínimo. Puedes llevar puesto un anillo de diamantes, pero siete serían demasiados. Estamos dispuestos a gastar mucho dinero en un brillante porque no nos compraremos muchos más. Pero el agua la compramos un día y luego más al día siguiente; tiene la misma utilidad, y el mismo valor del día previo. Con los diamantes, compras uno y es suficiente. Con el agua, necesitas seguir adquiriéndola el resto de tu vida.

Otro factor crítico es el coste marginal de producir una unidad adicional, ya sea de diamantes o agua potable. Debido a que los diamantes son escasos y difíciles de extraer, el coste marginal de producir uno adicional es relativamente elevado. En cuanto al agua potable, el coste marginal de producir un litro extra de agua es bastante bajo. De hecho, podrías beber de un embalse y nadie lo notaría. Si tomaras un diamante de una mina, te acusarían de robo. Por tanto, el precio relativo de los diamantes y del agua refleja la escasez relativa y el coste marginal de su producción. Si el agua potable se volviera escasa, su precio se incrementaría para reflejar esa situación. Si se desatara una catástrofe nuclear en una planta energética y se contaminara la fuente de agua local, las botellas importadas tendrían un precio muy elevado. En una emergencia, incluso una persona rica preferiría gastar su fortuna en agua en lugar de diamantes.

Otra cuestión es que el precio del agua puede resultar confuso. Cuando abrimos el grifo de nuestro hogar, nos parece que es gratis. Esto significa que muy fácilmente podemos consumir toda la que queramos, sin apreciar su verdadero valor. Pero tener agua potable en nuestros hogares requiere de una inversión y costes considerables. Implica una red de embalses, tuberías e infraestructuras. Todo eso requiere un mantenimiento significativo e implica un gasto asociado. Pagamos por el agua con las facturas de servicios públicos, y a menudo nos olvidamos de reconocer que el agua pública no es gratis, sino que tiene grandes costes que pagamos de manera indirecta. Si una ciudad crece en tamaño, obtener más agua potable puede ser realmente caro. En poblaciones pequeñas, el agua potable es más abundante y su coste, menor. Pero en las megaciudades (de diez millones de personas o más), el acceso este líquido vital requiere de una logística mucho más importante. Por ejemplo, si una ciudad como San Francisco creciera en tamaño, cumplir con los requerimientos de agua potable adicional sería todo un desafío. California ha experimentado un largo periodo de sequía, y el agua ya resulta escasa. Aumentar su suministro podría requerir invertir en un embalse mayor y en un extenso sistema de tuberías o incluso una planta desalinizadora, lo que añadiría el coste que conlleva eliminar la sal residual. El hecho es que el agua potable puede resultar muy accesible en algún momento en particular del crecimiento de una ciudad, pero fácilmente puede volverse más escasa y costosa de proveer. Algunas personas creen que su precio se incrementará de manera considerable durante las próximas décadas debido al cambio climático y al crecimiento de la población.

Aunque la sociedad gasta un monto mayor de ingresos totales en agua potable que en diamantes, el precio aún tiene cierta relevancia. Se podría argumentar que si las personas están dispuestas a pagar dos mil euros por un diamante, esto demuestra que valoramos los objetos por su valor de prestigio. Desde una perspectiva estrictamente utilitaria, la joyería de brillantes no cuenta con otro valor intrínseco más que hacer que la persona que la lleva puesta se sienta mejor. También hay que tener en cuenta la cuestión del estatus: compramos caros objetos de lujo para demostrar que estamos en una buena posición y para impresionar a nuestros amigos. Cuanto más grande y costoso sea el diamante, más podremos mostrar nuestra riqueza. De acuerdo con esta perspectiva, gastar tanto dinero en demostraciones de riqueza evidencia que las personas otorgan un gran valor a los diamantes. Sin embargo, desde una perspectiva utilitaria —o altruista—, podríamos escoger no gastar dos mil euros en un diamante y en su lugar llevar puesta una réplica, y así donar esa suma a una institución benéfica que se encargue de proveer agua potable a aquellos que no tienen acceso a ella. Si la mayoría de las personas adoptaran esta actitud, el precio de los brillantes caería porque habría un mayor valor percibido en las contribuciones benéficas que en los diamantes. Por supuesto, esto no sucede en la realidad. Y el hecho de que las personas estén dispuestas a pagar precios más elevados por diamantes demuestra que atribuimos algún valor a esas joyas, al menos a un número limitado de ellas.

Otro factor que hay que considerar es que algunas personas nunca comprarán diamantes en toda su vida —por ejemplo, los economistas utilitarios, como el autor de este libro—. Sin embargo, para algunas de elevados ingresos que habitan en ciertos círculos sociales, comprar brillantes supone algo habitual en sus vidas. No compran tan solo uno o dos; quizá compren varios y gasten decenas o cientos de miles de euros. Por ejemplo, un brazalete de diamantes clásico puede llegar a costar 250.000 euros. Las personas que compran joyería de ese estilo posiblemente estén gastando una porción más grande de sus ingresos en diamantes que en agua potable.

Pero ¿esto significa que los ricos valoran más los diamantes que el agua? La cuestión fundamental es que, cuando nuestros ingresos son bajos, lo primero en lo que gastaremos nuestro dinero es en agua potable. Es esencial para la vida. Cuando experimentamos dificultades para conseguir comida, muy pocas personas pensarán en llevar puesta joyería de diamantes. Solo cuando los ingresos superan cierto nivel tenemos los ingresos disponibles para considerar comprar bienes de lujo no esenciales. En contraste, solo necesitamos una cantidad determinada de agua potable. Si aumentan nuestros ingresos, no beberemos más agua solo porque podemos costearla. Tal vez compres un sistema de aspersores para tu jardín, pero llega un momento en el que simplemente no necesitas más agua. Cuando has satisfecho todas tus necesidades básicas, ahí es cuando comienzas a pensar en comprar productos de lujo. Entonces, aunque una persona adinerada gaste más en diamantes que en agua potable, aun así, sigue priorizando el agua potable, incluso aunque no sea consciente de ello.

## A LOS TRABAJADORES SOLO LOS MOTIVA EL DINERO

Como muchos aspectos de la economía, los modelos de los mercados laborales se han desarrollado en base a la suposición de que a los empleados siempre les interesa conseguir un trabajo mejor remunerado. La teoría indica que, si aumentan los salarios, habrá más mano de obra y se trabajará con mayor intensidad. Si en una determinada actividad se aplican sueldos más altos, más personas solicitarán esos empleos. Y si una empresa desea motivar a sus empleados para que incrementen su productividad, la lógica sugiere que deberá ofrecer un salario más elevado u otorgar bonos.

El dinero, sin duda, puede ser un elemento motivador. Por ejemplo, supongamos que trabajamos en el campo y nos pagan más cuantas más fresas recolectemos. En ese caso, ese plus nos incentivará a concentrarnos en recoger más fresas en lugar de simplemente presentarnos a trabajar y tomarnos la jornada con calma. Algunos trabajos se adecúan perfectamente a esta conexión entre la producción y el salario. Por ejemplo, a los trabajadores de la construcción no les pagamos por día, sino por trabajo terminado. Algunas empresas han percibido grandes incrementos en la productividad tras decidir dejar de abonar un salario por hora para pagar por la cantidad de tareas finalizadas. Incluso a los repartidores independientes se les paga por entrega, lo que explica por qué los conductores de Amazon llegan a toda velocidad a tu hogar y luego salen disparados hacia otra entrega.

Sin embargo, la motivación de los trabajadores es mucho más compleja que su simple deseo de dinero. Para empezar, ¿por qué un graduado bien cualificado escogería un trabajo relativamente mal remunerado como la enseñanza o la enfermería cuando puede conseguir con facilidad un empleo mejor pagado en el sector privado? Cuando escogemos un trabajo, el salario es un factor importante, pero no es el único. También deseamos un empleo en el que disfrutemos, que nos otorgue cierto prestigio y responsabilidad. Si consiguiéramos nuestro trabajo soñado, quizá nos sentiríamos felices incluso ganando un salario bajo.

El psicólogo Abraham Maslow (1908-1970) desarrolló una jerarquía de necesidades para los seres humanos. Su pirámide ubica las Necesidades básicas/paga en la base, porque es un punto de partida fundamental. Como mínimo necesitamos un salario para cubrir los costes de vida, pero los siguientes niveles son seguridad/estabilidad de empleo; pertenencia/estima; y el último nivel, autorrealización (sentido de autoestima). Por lo tanto, si deseamos motivar a los trabajadores, debemos considerar todos los aspectos de las motivaciones humanas y no solo el peldaño inferior: el dinero.

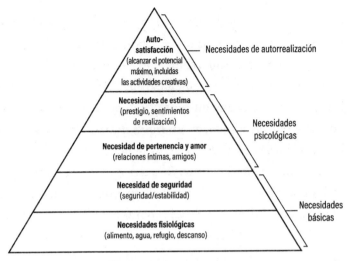

**JERARQUÍA DE NECESIDADES HUMANAS**

El economista conductual Dan Ariely (nacido en 1967) investigó el impacto del pago de bonos en los trabajadores y descubrió que los datos arrojaron resultados variados. Para Ariely, la manera más importante de motivar a los trabajadores suele ser reconocer sus esfuerzos y cultivar un buen clima laboral. En un estudio que llevó a cabo en una fábrica de Intel en Israel, se les ofreció a los trabajadores un bono de treinta euros, un vale para una pizza o un mensaje de reconocimiento. En el primer día, el mejor motivador fue la pizza, pero al final de la semana terminó ganando el mensaje de reconocimiento. Si escribimos lo que nos resulta frustrante de nuestro empleo, en general serán factores como la falta de reconocimiento o apoyo, unas expectativas desproporcionadas y la presión laboral.

Cuando se gestionan empleados y es necesario lograr que aumenten su productividad, un gerente habilidoso hará que se sientan orgullosos por su trabajo. Si los trabajadores cuentan con un sentido de pertenencia y responsabilidad, estarán dispuestos a realizar un mayor esfuerzo —incluso a trabajar horas extras no remuneradas— para cumplir con su función. Y ese esfuerzo adicional no está motivado por la perspectiva de recibir un bono, sino porque nos sentimos comprometidos a realizar un buen trabajo y ayudar a los clientes y/o a la empresa.

Dan Ariely incluso observó que, de tanto en tanto, ofrecer bonos a los trabajadores puede ser contraproducente; en especial si hay la armonía y la moral entre ellos son bajas. Ariely descubrió casos en los que pagar pluses a los trabajadores podía causar un aumento temporal de la productividad, pero ese impulso era a corto plazo y las bonificaciones futuras ejercían un impacto limitado. Si el bono se otorga en una atmósfera incorrecta, los empleados pueden considerar que se los está sobornando. El empleador desea un favor y paga por él. Pero si los trabajadores adoptan la mentalidad de que solo trabajarán duro cuando reciban un soborno, esto puede reducir la productividad en el futuro. Comenzarán a pensar: «Bueno, solo haré un esfuerzo extra si me pagan extra».

Un aspecto fundamental no es simplemente el total del bono, sino el hecho de que los trabajadores se sientan involucrados en el proceso y tengan la motivación para trabajar por otras razones. Ariely cree que los factores no monetarios pueden ser mucho más efectivos a la hora de incrementar la productividad a largo plazo; por ejemplo, valorar a los trabajadores, otorgarles la responsabilidad de tomar decisiones y ofrecerles buenas condiciones laborales. Algunos economistas sienten que es mejor pensar en los mercados laborales no como mercados de bienes impersonales, sino como una clase diferente de relación humana. Si queremos que nuestros hijos se comporten de manera adecuada, no les entregamos dinero por hacerlo, les brindamos amor y palabras de aliento. Si queremos que nuestros trabajadores sean productivos, les brindamos apoyo, aprecio y los hacemos sentir valiosos. Si un empresario está dispuesto a conceder favores a sus empleados —por ejemplo, otorgándoles permisos para salir del trabajo cuando lo necesiten o permitiéndoles dedicarse a sus proyectos o intereses personales—, entonces es más probable que sus trabajadores se sientan más comprometidos a devolver el favor y hacer horas extras no remuneradas cuando surja la necesidad. Con frecuencia nuestra actitud frente al trabajo depende de nuestra actitud hacia nuestro empleador.

En 1914, Henry Ford y su empresa de automóviles sorprendieron al mundo cuando ofreció pagar a sus empleados cinco dólares al día. Esa era una suma sin precedentes para los trabajadores de la época, y era posible gracias a la eficiencia de la cadena de montaje de Ford, que estaba produciendo más automóviles a un coste menor. Esta maniobra terminó siendo una gran estrategia publicitaria para Ford, y llegó a las primeras páginas. Sin embargo, si observamos con mayor detalle esta experiencia, descubrimos que se pagaba esa suma, al menos en parte, porque la fábrica estaba perdiendo muchos operarios, a quienes les resultaba muy difícil realizar, día tras día, un trabajo tan tedioso y repetitivo en la cadena de montaje. En el año anterior (1913), a pesar de ya estar pagando salarios más elevados que otras empresas, la factoría necesitó emplear a 52.000 hombres solo para mantener su fuerza laboral en un número constante de 14.000. A Ford le costaba retener a su equipo de trabajo; sus empleados continuamente enfermaban o dimitían para irse a otra empresa. Si un empleo es terriblemente aburrido, la mayoría de nosotros preferirá otro de menor remuneración pero que nos brinde un mayor disfrute. El trabajo no es un factor simple de producción como el capital. Una máquina puede hacer una tarea repetitiva todo el día, pero un trabajador cuenta con una jerarquía de necesidades, y, si solo se satisface su necesidad de dinero, escogerá otro empleo.

También vale la pena destacar que para que un operario de la fábrica Ford obtuviera cinco dólares al día debía cumplir ciertos requisitos, pues el salario base era tan solo de 2,25 dólares. El bono no solo dependía del esfuerzo en la fábrica, sino que el trabajador también debía cumplir las exigencias de la Organización de Socialización de Ford, que inspeccionaba su hogar para corroborar que estuviera viviendo una vida ordenada, al estilo estadounidense. Si descubrían que el trabajador bebía o apostaba, no sería elegido para el bono. La cuestión es: ¿deseamos que nuestro salario dependa de que nuestro empleador apruebe nuestra vida personal? Creo que muchos de nosotros preferiríamos perdernos el bono de Ford y dejar a las empresas fuera de nuestras vidas.

Esto no quiere decir que los salarios no sean importantes. George Akerlof (nacido en 1940) desarrolló un concepto llamado teoría de los salarios de eficiencia. En resumen, si pagas a los trabajadores el mínimo salario posible, estos responderán haciendo el menor esfuerzo posible. Si se elevan los sueldos por encima de la media, los trabajadores sentirán que tienen mucho que perder si los despiden. Se encontrarán motivados a trabajar duro. Pero, por supuesto, como demuestra el caso de Ford, pagar un salario alto no es el único factor importante; los trabajadores también deben sentirse valorados.

## ES INJUSTO QUE LAS AEROLÍNEAS CAMBIEN CONSTANTEMENTE EL PRECIO DE LOS BILLETES

Las aerolíneas y otras empresas de transporte suelen cambiar sus precios. Si una mañana visitas una página web para consultar lo que cuesta un vuelo, puede que al día siguiente, cuando estés decidido a comprar, ese precio haya aumentado treinta euros. Para los consumidores esto resulta injusto y molesto. Entonces, ¿qué está sucediendo? ¿Por qué las aerolíneas cambian constantemente el precio de los billetes? ¿Esto perjudica o ayuda a los consumidores?

Una aerolínea cuenta con vuelos programados, que volarán sin importar cuántos pasajeros se encuentren a bordo. Una vez que una compañía ha decidido operar un vuelo, un gran porcentaje de sus costes ya han sido cubiertos. Si realiza un vuelo con un solo pasajero a bordo, aun así deberá pagar por todo el combustible, las pistas de aterrizaje, los salarios y los costes fijos que tiene como empresa. Si viaja tan solo un pasajero, su coste medio sería de aproximadamente cincuenta mil euros. Claramente, un vuelo de un solo viajero no es rentable. Si la aerolínea obtiene más pasajeros, experimentará un pequeño incremento en sus costes. El avión pesará más y necesitará más combustible y también se necesitará más personal para atender a los viajeros. Pero el coste marginal (el coste extra) de que viajen más pasajeros es relativamente bajo. Por lo tanto, desde la perspectiva de la aerolínea, se intentará llenar el avión y maximizar los ingresos tanto como sea posible.

Cada consumidor tiene una capacidad y una voluntad diferentes a la hora de pagar por un vuelo. Si viajas por cuestiones laborales, no te preocupará que el precio sea elevado porque lo pagará tu empresa. Si eres un estudiante con pocos recursos, el precio te afectará mucho, ya que, a menos que sea muy bajo, no podrás costeártelo. En economía, decimos que los consumidores tienen diferentes niveles de elasticidad-precio de la demanda. Se trata de la respuesta de la demanda del consumidor a las variaciones del precio. Si hay una subida de precios, el hombre de negocios seguirá comprando, pero el estudiante no lo hará. Para maximizar las ganancias e ingresos, a la aerolínea le serviría cobrar diferentes precios a estos grupos distintos. Es por esa razón que volar en primera clase es mucho más costoso que volar en clase turista. Es cierto, los que vuelan en primera cuentan con más espacio y, por ello, implican mayores costes. Pero, al separar el avión en diferentes sectores, la aerolínea está aprovechando la voluntad de los ejecutivos de pagar precios considerablemente más elevados. Sin embargo, además de esta separación tajante entre la clase turista y la preferente, ¿qué otras medidas puede tomar la aerolínea para aumentar sus ingresos?

Una estrategia es cambiar los precios dependiendo de la disponibilidad de los asientos y de cuánta capacidad quede en el avión. Por ejemplo, cuando la aerolínea comienza a vender billetes, es posible que intente establecer un precio elevado. Entonces, los consumidores que realmente necesiten tomar ese vuelo en particular estarán dispuestos a pagar ese precio. Sin embargo, tras algunas semanas, las ventas serán muy bajas y el avión solo habrá completado el 10 % de su capacidad, por lo que la aerolínea deberá vender más billetes. Decidirá recortar los precios y alentará a las personas a comprarlos para ese vuelo en particular. A pesar de que se reduce el precio del billete, eso es mejor que tener asientos sin vender, que no otorgarán ningún rédito a la aerolínea.

Ahora bien, supongamos que un grupo de cincuenta personas se organizan para tomar un vuelo en particular para un viaje planificado de fin de semana. De pronto, la aerolínea percibe que el número de asientos disponibles decrece con rapidez. En ese momento, la compañía responderá al aumento de la demanda con una subida de precios. La aerolínea no desea contar con un avión completo cuatro semanas antes del vuelo, y más habiendo vendido todos los billetes a precios que, desde su perspectiva, están lejos de ser ideales. Dada esa situación, puede maximizar sus ganancias subiendo el precio y desalentando a las personas a tomar ese vuelo en particular. Desde la perspectiva de la aerolínea, lo ideal sería completar el avión justo antes de que tenga que volar. Si hay muchos asientos sin vender, el precio caerá para alentar las ventas y evitar que se queden vacíos. Si la demanda es alta y el avión se está completando, los precios subirán para obtener la ganancia máxima de los pocos billetes que quedan disponibles. De esa manera, la aerolínea puede completar la capacidad del vuelo vendiendo al precio más alto posible. Tendemos a centrarnos en los aumentos de precios, pero, al mismo tiempo que ese vuelo en particular los sube, es probable que la aerolínea reduzca los billetes de otros vuelos que aún se encuentran casi vacíos.

Esta práctica se conoce como precios dinámicos y parece una forma excelente para que la aerolínea aumente sus ganancias. Sin embargo, si eres un consumidor que queda atrapado en esta práctica, puedes sentirte estafado si un vuelo de cien euros aumenta de pronto a 130. Sin duda, algunos grupos de consumidores terminarán pagando billetes más caros que la media, pero en general, los precios dinámicos proporcionan numerosas ventajas, incluso aunque no resulten evidentes de inmediato.

En primer lugar, los precios dinámicos permiten que la aerolínea oferte más vuelos de los que ofrecería. Si los precios de los billetes fueran iguales, sería muy difícil vender asientos para vuelos muy poco populares (que parten a las seis de la mañana), mientras que los vuelos populares (los que salen a las doce del mediodía) se venderían mucho más rápido. Con los precios dinámicos, a los consumidores se les brinda la opción: o pagan más para viajar en el vuelo popular o pagan menos y lo hacen en un avión casi vacío. Por ejemplo, si un vuelo de regreso un domingo se está completando con rapidez, el precio subirá. Para un viajero de bajos ingresos, eso puede parecer injusto. Pero, al mismo tiempo que el vuelo del domingo se vuelve más costoso, volar el lunes es más barato. Por tanto, el viajero de bajos ingresos puede ahorrar una suma considerable por esperar una noche más. En contrapartida, alguien que debe estar en su trabajo la mañana del lunes puede tomar el vuelo del domingo por la noche gracias a que los precios más elevados han racionado la demanda.

Sin la existencia de los precios dinámicos, el viajero de bajos ingresos no podría costearse un billete de precio medio, y el ejecutivo no podría viajar porque se agotarían los asientos del domingo. Los precios dinámicos han mejorado las opciones para las dos clases diferentes de viajeros. El hombre de negocios consigue subirse al vuelo que necesitaba tomar y el estudiante puede comprar un billete económico en un horario insólito.

Uno de los beneficios principales de los precios dinámicos es la manera en la que pueden suavizar la demanda. Si hay un aumento repentino en la demanda de un vuelo en particular, el precio sube, lo que efectivamente alienta a los viajeros a escoger un vuelo diferente. Esto significa que la aerolínea puede alcanzar el 90-100 % de su capacidad para todos los vuelos.

Los precios dinámicos definitivamente ayudan a la aerolínea a aumentar su rentabilidad, pero ¿eso perjudica o afecta al consumidor? Esta práctica conduce a que algunos consumidores paguen más, pero también permite que la compañía ofrezca una mayor variedad de servicios. Sin la existencia de los precios dinámicos, la empresa probablemente debería eliminar algunas rutas menos rentables, lo que dejaría al consumidor con una menor oferta de destinos. Mediante la utilización de los precios dinámicos, algunas rutas, que de otra manera estarían condenadas al fracaso, se vuelven rentables y permanecen viables. Puede resultar molesto para el consumidor que los precios suban y bajen —que se genere incertidumbre sobre cuándo comprar—, pero sería más frustrante que algunos destinos desaparecieran por completo. Además, si somos muy sensibles a las variaciones de precio pero tenemos tiempo y flexibilidad, esta dinámica nos otorgará la posibilidad de pagar menos. Si el consumidor valora principalmente conseguir el horario más conveniente, la fijación de precios dinámicos implica que los asientos no se agotarán, de modo que siempre tendrá la opción de comprar el vuelo que realmente necesite tomar.

## LAS ECONOMÍAS DEL REINO UNIDO Y ESTADOS UNIDOS DEBERÍAN ESTAR MÁS EQUILIBRADAS

En general nos han condicionado a pensar que una economía equilibrada debería contar con un rango adecuado de industrias tradicionales, como la agrícola y la manufacturera, así como el sector servicios. Si una economía se vuelve dependiente de este sector terciario e importa productos manufacturados, percibiremos que se encuentra en desequilibrio y que eso representa un problema. Sin embargo, los esfuerzos por volver a colocarla en el nivel ideal suelen ser más dañinos que beneficiosos, por lo que los economistas argumentan que la necesidad de reequilibrar la economía es errónea.

En primer lugar, ¿acaso tiene relevancia que Estados Unidos importe productos manufacturados de China? La razón para hacerlo es porque es más barato que comprar directamente a las empresas locales. Sí, algunas compañías manufactureras pierden competitividad, pero los hogares estadounidenses se benefician de los precios más bajos, lo que se traduce en mayores ingresos disponibles. Esto significa que los consumidores tendrán un mayor poder adquisitivo para gastar en los servicios estadounidenses; digamos que, si gastas menos en ropa, podrás costearte ir con más frecuencia a restaurantes locales. Algunas empresas manufactureras pierden, pero el sector servicios estadounidense se beneficia. Intentar equilibrar la economía implicaría que Estados Unidos protegiese su industria manufacturera, ahora poco competitiva, y que los consumidores estadounidenses pagasen más por productos manufacturados.

Si Estados Unidos y el Reino Unido son importadores netos de productos, la balanza de pagos sufrirá un impacto. En particular, Estados Unidos entraría en un déficit comercial y un déficit de cuenta corriente. Este descubierto significaría que se ha convertido en un importador neto de productos y servicios. Si existe un déficit de cuenta corriente, ¿cómo logrará el país pagar por esas importaciones?

Lo opuesto a la cuenta corriente es la cuenta de capital/ financiera. En un régimen de tipo de cambio flexible, el saldo de la cuenta corriente se refleja exactamente en la cuenta de capital. Si Estados Unidos entra en un déficit de cuenta corriente de cien mil millones de dólares, esto significa que cuenta con un superávit en su cuenta de capital de cien mil millones. La cuenta de capital mide los flujos financieros, como los movimientos en las cuentas bancarias, la adquisición de activos o las trasferencias internacionales de dinero. A modo de ejemplo, supongamos que Estados Unidos compra importaciones chinas por cien mil millones de dólares: China obtiene una entrada de cien mil millones de moneda extranjera, que puede invertir en activos estadounidenses, en la compra de bonos públicos o propiedades o simplemente guardar en bancos de Estados Unidos. De modo que, en efecto, los dólares que salen de Estados Unidos para comprar importaciones chinas regresan por medio de diferentes canales.

Supongamos que China no quiere comprar activos estadounidenses y simplemente guarda el dinero en Pekín; ¿cómo afectaría eso a la balanza? En ese caso, el valor del dólar caería porque los estadounidenses estarían vendiendo dólares para comprar productos chinos y al mismo tiempo no habría un incremento equivalente en la demanda de activos estadounidenses. Sin embargo, esta caída en la apreciación de su moneda haría que los productos estadounidenses se volvieran más competitivos, lo que conseguiría equilibrar la economía de nuevo.

Lo importante es que un déficit de cuenta corriente es solo una parte de la historia; la otra, menos visible, es que China está invirtiendo una suma equivalente en Estados Unidos. Una preocupación legítima sobre el gran desequilibrio comercial es que le permite al gigante asiático incrementar las cantidades de inversiones y activos en el Reino Unido y Estados Unidos. ¿Queremos que China sea dueña de importantes activos de infraestructura y de deuda pública? Esta es más una cuestión política que económica. Pero, cuando China compra grandes cantidades de deuda pública estadounidense, existe una ventaja, ya que reduce los rendimientos de los bonos y hace que, para el gobierno estadounidense, sea un poco más barato pedir prestado.

La otra característica de los déficits de cuenta corriente es que la historia demuestra que los países pueden contar con ellos por un largo tiempo, sin experimentar ningún efecto perjudicial. Por ejemplo, en la segunda mitad del siglo XIX, Estados Unidos mantuvo un déficit de cuenta corriente persistente de aproximadamente 2-3 % del PIB. Por un lado, se podría decir que la economía estadounidense se encontraba desequilibrada, pero lo que realmente estaba sucediendo era que estaba atravesando un rápido crecimiento; y se encontraba en camino de superar al Reino Unido para convertirse en la economía más grande del mundo. La razón por la cual Estados Unidos tuvo la capacidad de mantener un déficit de cuenta corriente es que muchos países europeos estaban dispuestos a invertir en su economía. Había grandes flujos de capital mientras los bancos europeos e inversores financiaban la inversión y el crecimiento acelerado. En algunas ocasiones, los déficits comerciales y los de cuenta corriente pueden llamar la atención. A simple vista, parece que existe un problema si necesitamos importar productos. Pero la otra parte de la historia indica que los consumidores están disfrutando de estándares de vida más elevados y el país se está beneficiando de las entradas de dinero.

Otro aspecto de las economías modernas es que presentan una especialización creciente. Estamos acostumbrados a la idea de una aerolínea o una industria automotriz nacionales, y puede convertirse en una cuestión de orgullo que nuestro país cuente con una industria siderúrgica. ¿Deberíamos preocuparnos si esta última cierra y dependemos de los servicios financieros? En las últimas décadas, las industrias se han vuelto cada vez más especializadas debido a las grandes economías de escala de un sector. Esto significa que no tiene sentido que cada país cuente con su propia industria siderúrgica; a la industria le conviene especializarse en tan solo algunos países, para explotar al máximo todas las economías de escala, aunque es necesario mencionar que depender de importaciones de acero puede ser problemático si el metal importado es de una calidad inferior al producido de manera local, ya que es una materia prima esencial para la construcción y la defensa nacional. Sin embargo, intentar sostener una empresa de acero nacional que no resulta competitiva es como luchar en una batalla perdida. La nueva teoría sobre el comercio indica que estas economías de escala son tan grandes que resultan más importantes que la ventaja comparativa tradicional. Algunos países se especializarán en la manufactura y otros, como Francia y el Reino Unido, lo harán en los servicios financieros. Silicon Valley, en California, se ha convertido en un imán para las empresas emergentes de tecnología de la información y ha creado una red de personas capacitadas e industrias de apoyo. Intentar equilibrar la economía implica luchar contra gigantescas economías de escala, lo que conduce al desarrollo de industrias no competitivas.

Esto no significa que todos los países deberían ignorar la necesidad potencial de equilibrar sus economías. Por ejemplo, una economía en vías de desarrollo que se especializa en un producto primario definitivamente se encontraría a merced de vaivenes volátiles en materia de precios e ingresos. Los países en vías de desarrollo que dependen fuertemente del petróleo quizá deseen diversificarse para no depender de los combustibles fósiles, que pueden limitar el crecimiento sostenible a largo plazo. Sin embargo, en las economías desarrolladas, como las de la UE y Estados Unidos, no existe la misma sobredependencia de un producto primario. En cambio, se teme subordinarse demasiado al sector servicios y al sector financiero. Sin embargo, ¿por qué deberíamos valorar más un trabajo en el sector industrial que uno en el sector servicios? Si la industria más competitiva de la UE es la de los servicios financieros, eso no es necesariamente algo malo. Al exportar servicios financieros, la UE obtendrá divisas extranjeras para comprar productos manufacturados de productores más competitivos de todo el mundo.

# Reflexiones finales

Una de las pocas certezas de la economía es que se encuentra en constante cambio, que evoluciona y que en algunas ocasiones presenta crisis inesperadas. Entre 1992 y 2007, muchos analistas consideraban que Occidente había alcanzado un nuevo paradigma de estabilidad, baja inflación y crecimiento económico. Sin embargo, la crisis crediticia de 2007-2008 arrojó ese optimismo por la ventana, pues dejó al descubierto la poderosa capacidad de causar un daño económico generalizado con que cuentan los obtusos instrumentos financieros. Los libros de texto de economía no necesitaban una reescritura, sino que debían incluir algunos capítulos nuevos.

En 2020, parecía que las problemáticas más grandes eran la desigualdad global, las relaciones del Brexit o las de China y Estados Unidos, pero esas cuestiones quedaron oscurecidas por el gran golpe al sistema económico que representó la expansión del covid-19. La pandemia y los confinamientos generalizados crearon una situación económica nunca antes vista. A corto plazo, nos hizo luchar contra la recesión, el desempleo y el equilibrio frágil entre la salud pública y la economía. A largo plazo, la pandemia cambiaría la naturaleza del trabajo y de los negocios. Pero tal vez lo más importante es que nos conduciría a cuestionarnos cuál debería ser la mayor prioridad de la economía: maximizar el crecimiento económico o hacer mayor énfasis en el bienestar general, lo que incluye la salud pública, el medioambiente y la calidad de vida. Algunas veces es necesaria una gran conmoción económica para forzarnos a reevaluar lo que de verdad es importante.

Siempre resulta difícil predecir el gran golpe económico, pero un entorno en constante cambio podría perturbar la economía global de una manera que trascienda las crisis anteriores. Lo que sea que nos depare el futuro, comprender la ciencia que hay detrás de la economía puede ayudarnos a considerar las diferentes maneras de lidiar con los desafíos venideros y permitirnos compartir los escasos recursos de la tierra de una manera que beneficie a todo el mundo.

# Notas

1. Cannadine, David, *Mellon: An American Life*, Alfred A. Knopf, 2006, pp. 444-445.

2. The Federal Reserve Board, «Testimony of Chairman Alan Greenspan», 20 de julio de 2005, www.federalreserve.gov/boarddocs/hh/2005/july/testimony.htm.

3. Friedman, Milton y Friedman, Rose D., *Tyranny of the Status Quo*, Harcourt Brace Jovanovich, San Diego, 1984, p. 115. [Hay trad. cast., *La tiranía del statu quo*, Ariel, Barcelona, 1989].

4. Fujioka, Toru y Sumio Ito, «Japan's Long Deflation Battle Is Warning for Post-Virus World», Bloomberg, 28 de mayo de 2020, www.bloomberg.com/news/articles/2020-05-28/japan-s-long-deflation-battle-is-warning-forpost-virus-world.

5. Smith, Adam, *An Inquiry Into the Nature and Causes of the Wealth of Nations*, Oliver D. Cooke, Estados Unidos, 1804, p. 19.

6. *Ibid.*, p. 349.

7. Hill, Lisa, «Adam Smith and the theme of corruption», en *The Review of Politics*, 2006, pp. 636-662.

8. Smith, Adam, *The Wealth of Nations*, 3.ª ed., William Allason, 1819, p. 286.

9. *Ibid.*, p. 213. [Hay trad. cast., *La riqueza de las naciones*, Alianza, Madrid, 2011].

10. Keynes, John Maynard, *A Tract on Monetary Reform*, Macmillan, Londres, 1923, cap. 3, p. 80. [Hay trad. cast., *Breve tratado sobre la reforma monetaria*, Fondo de Cultura Económica, 1992].

11. Schumacher, Ernst Friedrich, *Small is Beautiful: A Study of Economics as if People Mattered*, Vintage, 2011, p. 20. [Hay trad. cast., *Lo pequeño es hermoso*, Akal, Madrid, 2011].

# Bibliografía

## Capítulo 1: Errores económicos

Lebergott, Stanley, «The Measurement and Behavior of Unemployment», 1957, 215, <https://www.nber.org/system/files/chapters/c2644/c2644.pdf>.

Montier, James, «Behaving Badly», 2 de febrero de 2006, <https://ssrn.com/abstract=890563>.

Reinhart, Carmen M. y Kenneth S. Rogoff, *This Time Is Different: Eight Centuries of Financial Folly*, Princeton University Press, 2009, p. 208. [Hay trad. cast., *Esta vez es distinto: ocho siglos de necedad financiera*, Fondo de Cultura Económica, 2011].

Shiller, Robert J., *Irrational Exuberance: Revised and Expanded Third Edition*, Princeton University Press, 2000, p. 240. [Hay trad. cast., *Exuberancia irracional*, 3.ª ed. actualizada y ampliada, Deusto, 2015]. «US Immigration Trends 1900–1940: Early 1900s», <http://www.emmigration.info/usimmigration-trends-1900-1940.htm>.

## Capítulo 2: Dilemas políticos

Cannadine, David, *Mellon: An American Life*, Alfred A. Knopf, 2006, pp. 444–445.

«Confederate Inflation Rates (1861–1865)», Inflationdata.com, <https://inflationdata.com/articles/confederate-inflation/>.

«Eastern Europe's workers are emigrating, but its pensioners are staying», *Economist*, 21 de enero de 2017, <https://www.economist.com/europe/2017/01/19/eastern-europes-workers-are-emigrating-but-its-pensioners-are-staying>.

Henry, James S., «Taxing Tax Havens», *Foreign Affairs*, 12 de abril de 2016, <https://www.foreignaffairs.com/articles/panama/2016-04-12/taxing-tax-havens>.

«How do you solve catastrophic inflation», *BBC News*, 22 de septiembre de 2018, <https://www.bbc.co.uk/news/business-45523636>.

Kessler, Glenn, «Rand Paul's claim that Reagan's tax cuts produced 'more revenue' and 'tens of millions of jobs'», *Washington Post*, 10 de abril de 2015, <https://www.washingtonpost.com/news/fact-checker/wp/2015/04/10/rand-pauls-claim-that-reagans-tax-cuts-produced-more-revenue-and-tens-of-millions-of-jobs/>.

Reinhart, Carmen M., y Kenneth S. Rogoff, «Growth in a Time of Debt», 2, enero de 2010, <https://www.nber.org/papers/w15639>.

Shaxon, Nicholas, «Tackling Tax Havens», International Monetary Fund, Finance & Development, vol. 56, n.º 3, septiembre de 2019, <https://www.imf.org/external/pubs/ft/fandd/2019/09/tackling-global-tax-havens-shaxon.htm>.

«Who Pays Income Taxes?», National Taxpayers Union Foundation, 25 de octubre de 2019, <https://www.ntu.org/foundation/tax-page/who-pays-income-taxes>.

## Capítulo 3: Lo que realmente debes saber sobre...

«Testimony of Chairman Alan Greenspan», The Federal Reserve Board, 20 de julio de 2005, <https://www.federalreserve.gov/boarddocs/hh/2005/july/testimony.htm>.

Friedman, Milton y Rose D. Friedman, *Tyranny of the Status Quo*, San Diego: Harcourt Brace Jovanovich, 1984, p. 115. [Hay trad. cast., *La tiranía del statu quo*, Ariel, Barcelona, 1989].

Fujioka, Toru y Sumio Ito, «Japan's Long Deflation Battle Is Warning for Post-Virus World», Bloomberg, 28 de mayo de 2020, <https://www.bloomberg.com/news/articles/2020-05-28/japan-s-long-deflation-battle-is-warning-for-post-virus-world>.

Hill, Lisa, «Adam Smith and the theme of corruption», *The Review of Politics*, 2006, 636–662.

Keynes, John Maynard (1923), *A Tract on Monetary Reform*, Macmillan, Londres, 1923, cap. 3, p. 80. [Hay trad. cast., *Breve tratado sobre la reforma monetaria*, Fondo de Cultura Económica, 1992].

——, *The General Theory of Employment, Interest and Money*, Palgrave Macmillan, 1936, 1–50. [Hay trad. cast., *Teoría general de la ocupación, el interés y el dinero*, Fondo de Cultura Económica, 2017].

McKenna, Maryn, «How Your Chicken Dinner Is Creating a Drug-Resistant Superbug», *The Atlantic*, 11 de julio de 2012, <https://www.theatlantic.com/health/archive/2012/07/how-your-chicken-dinner-is-creating-a-drug-resistant-superbug/259700/>.

«Sustainable land use (greening)», European Commission, <https://agriculture.ec.europa.eu/common-agricultural-policy/income-support/eco-schemes_en>.

Smith, Adam, *The Theory of Moral Sentiments*, Penguin Classics, 2010, p. 41. [Hay trad. cast., *La teoría de los sentimientos morales*, Alianza, Madrid, 1997].

——, *An Inquiry Into the Nature and Causes of the Wealth of Nations*, United States, Oliver D. Cooke, 1804, pp. 19 y 349.

——, *The Wealth of Nations*, 3.ª ed., William Allason, 1819, pp. 213 y 286. [Hay trad. cast., *La riqueza de las naciones*, Alianza, Madrid, 2011].

## Capítulo 4: Nunca te enriquecerás si...

Chang, Ha-Joon, «Under-explored Treasure Troves of Development Lessons – Lessons from the Histories of Small Rich European Countries (SRECs)», Hajoonchang.net, noviembre de 2008, <https://es.scribd.com/document/54196904/Small-Rich-European-Countries>.

Charles, Dan, «Farmers Got Billions From Taxpayers In 2019, And Hardly Anyone Objected», NPR, 31 de diciembre de 2019, <https://www.npr.org/sections/thesalt/2019/12/31/790261705/farmers-gotbillions-from-taxpayers-in-2019-and-hardlyanyone-objected>.

Jebb, Andrew T., *et al.*, «Happiness, income satiation and turning points around the world», *Nature Human Behaviour* 2.1: 33–38, 2018, <https://pubmed.ncbi.nlm.nih.gov/30980059/>.

Scitovsky, T., *The Joyless Economy: An Inquiry into Human Satisfaction and Consumer Dissatisfaction*, Oxford University Press, 1976.

Schumacher, Ernst Friedrich, *Small is Beautiful: A Study of Economics as if People Mattered*, Vintage, 2011, p. 20. [Hay trad. cast., *Lo pequeño es hermoso*, Akal, Madrid, 2011].

## Capítulo 5: Bombas ecológicas

«Are consumption-based $CO_2$ per capita emissions above or below the global average?», Our World in Data, 2017, <https://ourworldindata.org/grapher/consumption-co2-per-capita-equity>.

Brown, Marilyn A. y Majid Ahmadi, «Would a Green New Deal Add or Kill Jobs?», *Scientific American*, 17 de diciembre de 2019, <https://www.scientificamerican.com/article/would-a-green-new-deal-add-or-kill-jobs1/>.

«Economic Costs: Paying the Price for Those Extra Pounds», Harvard T.H. Chan School of Public Health, <https://www.hsph.harvard.edu/obesity-prevention-source/obesityconsequences/economic/>.

«Facts and Figures about Materials, Waste and Recycling», United States Environmental Protection Agency, <https://www.epa.gov/facts-and-figures-about-materials-waste-and-recycling>.

«Frequently Asked Questions: Benefits of Recycling», Stanford University, <https://sustainable.stanford.edu/campus-operations/waste/sorting-guidelines>.

«Global Waste to Grow by 70 Percent by 2050 Unless Urgent Action is Taken: World Bank Report», The World Bank, 20 de septiembre de 2018, <https://www.worldbank.org/en/news/press-release/2018/09/20/global-waste-to-grow-by-70-percent-by-2050-unless-urgent-action-is-taken-world-bank-report>.

Galvin, Gaby, «These Are the Countries Where Air Pollution Is the Deadliest», *U.S. News*, 9 de noviembre de 2017, <https://www.usnews.com/news/best-countries/articles/2017-11-09/air-pollution-kills-themost-people-in-these-countries>.

«How Big Oil Misled The Public Into Believing Plastic Would Be Recycled», NPR, 11 de septiembre de 2020, <https://www.npr.org/2020/09/11/897692090/how-big-oilmisled-the-public-into-believing-plasticwould-be-recycled>.

«How to reduce airline emissions», Transport & Environment, <https://www.transportenvironment.org/what-we-do/aviation-and-eu-ets>.

Kommenda, Niko, «How your flight emits as much $CO_2$ as many people do in a year», *The Guardian*, 19 de julio de 2019, <https://www.theguardian.com/environment/nginteractive/2019/jul/19/carbon-calculatorhow-taking-one-flight-emits-as-much-asmany-people-do-in-a-year>.

McCall, Rosie, «Around 200,000 Americans Die Every Year From Air Pollution That Meets EPA Standard», *Newsweek*, 21 de noviembre de 2019, <https://www.newsweek.com/200000-americansdie-every-year-air-pollution-that-meets-epastandard-1473187>.

«Reducing emissions from aviation», European Commission, <https://ec.europa.eu/clima/policies/transport/aviation_en>.

«The State of the World's Forests 2020», Food and Agriculture Organization of the United Nations, <http://www.fao.org/state-of-forests/en/>.

«Trends in Cigarette Smoking Rates», American Lung Association <https://www.lung.org/research/trends-in-lung-disease/tobacco-trends-brief/overall-tobacco-trends>.

## Capítulo 6: Mitos del negocio

McGregor, Jena, «What companies get wrong about motivating their people», *Washington Post*, 2 de diciembre de 2016, <https://www.washingtonpost.com/news/on-leadership/wp/2016/11/25/what-companies-get-wrong-about-motivating-their-people/>.

# Agradecimientos

## Fuentes de los datos de los gráficos y diagramas:

Página 35. Juego de suma cero (Tejvan Pettinger).

Página 52. Proporción entre precio y ganancia del mercado de valores (Robert Shiller, *Exuberancia irracional/Datos de la bolsa de valores*).

Página 57. Curva de Laffer (www.economicshelp.org).

Página 65. Deuda pública del Reino Unido – Porcentaje del PIB desde 1727 (Bank of England: A Millennium of Macrodata A30a, ONS – NSA de 2000).

Página 94. Inflación de Estados Unidos de 1960–2019 (St Louis Fed PCPITOTLZGUSA).

Página 99. Tipo de cambio China/Estados Unidos (St Louis Fed Exchus).

Página 110. Crecimiento económico del Reino Unido 1979–2012 (ONS – IHYQ).

Página 142. Precios reales del trigo 1900–2019 (Jacks, D.S. (2019), «From Boom to Bust: A Typology of Real Commodity Prices in the Long Run»).

Página 182. Costes de las guerras más importantes (CRS 7-5700 RS22926).

Página 201. Satisfacción personal versus PIB (World Happiness Record, 2019, World Bank).

Página 245. Curva de Kuznets (www.economicshelp.org; original por Simon Kuznet).

Página 261. Jerarquía de necesidades humanas (Maslow, Abraham (1943), «A Theory of Human Motivation», *Psychological Review*).